JN307827

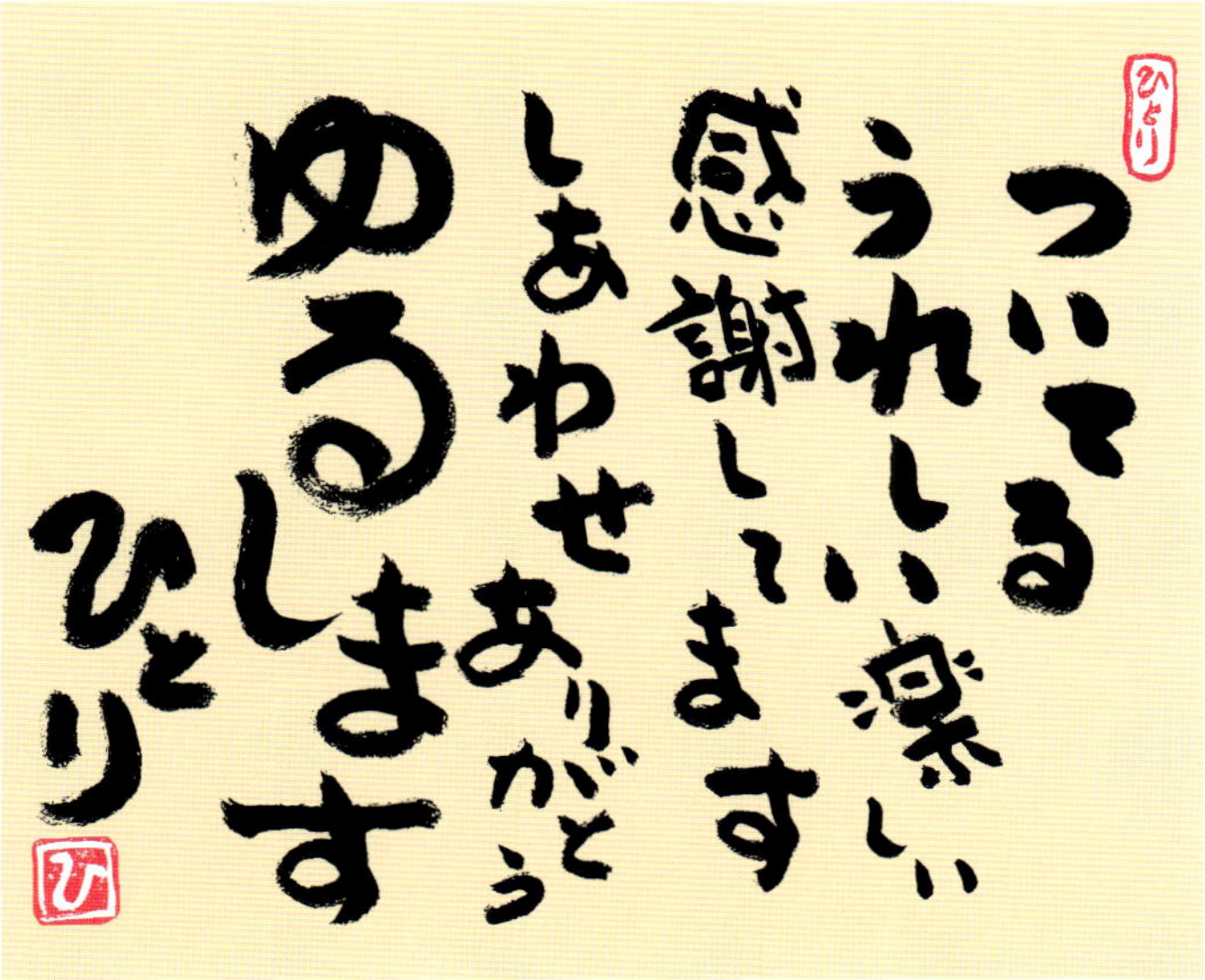
ひとり
ついてる
うれしい楽しい
感謝してます
しあわせありがとう
ゆるします
ひとり
ひ

いつも
斉藤一人

幸せの道

斎藤一人
Saito Hitori

KKロングセラーズ

はじめに

この本は平成一七年に斎藤一人さんとお弟子さんが全国講演をした時のものです。

この時の講演は大変人気が高く、キャンセルのキャンセル待ちが出るほどの大変な人気でした。

講演会場に入れなかった人や「是非、もう一度講演を聞きたい」「じっくり内容をかみしめたい」という方の要望が多数あったので、この度、この本が発売されることになりました。

なお、特別プレゼントとして未公開ＣＤからの「いつも斉藤一人・もうひと花」という話も載っています。

以上の話はＫＫロングセラーズのホームページから聞くことができます。（聞き方は表紙の袖をごらんになって下さい）

ではたっぷりとお楽しみ下さい。

斎藤一人　幸せの道／目次

もくじ

一人さんのお弟子さん達のお話

一人さんのお話

一人さんのお弟子さん達のお話

二度と不幸になれない話……宮本真由美

最初の先生は、宮本真由美先生です。

宮本先生は、『斎藤一人 億万長者論』や、一人さんと共著で『斎藤一人絵本集 こうていペンギンはなぜ生きのこったのか?!』の本を出版されています。

おしゃれのセンスも抜群で、まるかんで一番キュートでチャーミングな女性です。

今日もとっても素敵なお洋服で、ご登場でございます。

講演のタイトルは、「二度と不幸になれない話」です。

宮本先生、お願いいたします。

最初は何事も肝心といいますので、今日は、これだけ集まった皆様と、一体になって楽しんでいきたいと思います。私が皆さんに「こんにちは」と言いますので、「こんにちは」と返していただけますか？

まず、私の声が最低ラインになりますので、私の声に負けないように、「こんにちは」と返していただけますか？

はい、では参ります。

「みなさーん、こんにちはー」（大声で）

（会場）「こんにちはー」

ありがとうございます。

素晴らしいです。

ありがとうございます。

一体になったところで、始めたいと思います。

今日の「二度と不幸になれない話」って聞くと、はあ、何のことかな？と思うかと思います。


私は元々東京の下町に住んでました。

で、その時は東京の新宿にある、とある生命保険会社に勤めている、ほんとに普通の事務をしているOLでした。

その時に、『ハッピーラッキー』の著者の舛岡はなゑ先生が、『十夢想家《とむそうや》』さんっていう喫茶店をやっていて、私もいつもそこに遊びに行ってたんですね。

そこで、はなちゃんが私に「まゆちゃん、最近ね、すごい素敵な人が来るから、ちょっと遊びにおいでよ」と言って、声をかけてくれました。

私は元々そういうのが大好きなので、「行く行く」って言って、すぐ行きました。

そしたら、そこにいた人は、すごい素敵で、おもしろくて、楽しくて、ほんとにいろんなこと聞くと、いろんなことを教えてくれて、ほんとに不思議な魅力にあふれた方でした。

その人が斎藤一人さんでした。

私は、もう一人さんのことが大好きになって、毎日毎日話が聞きたくて行くぐらい、大好きになって、いろんな話を聞いていました。

そのうちに、あっ、これは、一人さんに聞くしかないと思って、ずっと自分が今まで思っていたことを、一人さんに聞いてみました。

それは、「一人さん、わたしね、幸せになりたい、豊かになりたい、お金持ちになりたいんですけど、なれますかね」っていうことを聞きました。

そしたら、一人さんは、「なれるよ」って言ってくれたんですね。

「あっ、やっぱりこの人、その方法を知っているんだ」と思ったんです。

「じゃ、教えてください」って言って、聞きました。

そしたら、一人さんはこう言ったんです。

「ただねえ、まゆみちゃんね、この話を聞いちゃうと、二度と不幸になれないんだけど、いいかな」

「いいじゃないですか、いや、全然いいですよ。教えてください」

と言って、そのあと教えてもらったのが、ここからの話です。

「わかった、教えてあげるね、じゃ、まゆみちゃん、ついてる、って言ってごらん」

「ついてる、ですか？　『ついてる、ついてる、ついてる』もうちょっと言ったほうがいいかな？」

「大丈夫だよ、はい、オッケー、じゃ、次ね。

ついてない時に、ついてるって言う訓練していこうか」

何のことかわかりませんでした。

だってね、ついてない時は、ついてないとかって言うの当たり前じゃないですか。

何のことかわからない顔をしている私に、一人さんは、

「あっ、わかった。じゃ、例題を挙げてあげようね」と言って、教えてくれました。

まず、一つめがこれです。

「まゆみちゃん、バンって転んじゃうとするよね。

そうすると『あいたたた、もう、なんだよ、ついてないな、やんなっちゃうな』って口に出して言っちゃうよね、たいてい。

それを、心の中で、どんなこと思ってても構わないから、口に出す言葉はこうやって言うんだよ。

『あー、骨まで折れないで良かった。ついてる。ついてる、ついてる、ついてる』

はい、まゆみちゃん言ってみて。同じように」

って言われて、同じように言いました。


「なんなんだろう、これって」と思っていたら、一人さんは、

「これはね、いつでも、どんな時でも、周りの人が聞いてて、気持ち良くなったり、幸せになったり、楽しい気持ちになったり、そういういい言葉だけを、とにかく常に言っている、そういう訓練なんだよ」と言いました。

「へー、そうなんだ」「それでね、これを言い続けるとね、まゆみちゃんね、どうなるかっていうと、神様から、おっきいおっきいプレゼントをね、もらうことができるんだよ」と教えてくれました。

で、今日はですね、せっかくですから、皆さんと一緒に、その一人さんがしてくれたレッスンを一緒にやりたいと思うんですけど、一緒にやってもらえますか?

えっと、私が、何個か例題を出しますから、皆さんは自分がそうなったと思って聞いていてください。

で、私が、「セーノ」って言ったら、「ついてる、ついてる、ついてる」って一緒に言っていただけますか?

お願いします。

では……。歩いてました。

そうしたら、ぽたっ! 頭に鳩の糞が落ちました。

「ああ、汚い、なんなの。もうやんなっちゃう、ついてない」って言う代わりに、ぐっと飲み込んで、こう言います。

「ああ、岩石でなくて良かった。ついてる、ついてる、セーノ」

（会場皆で）「ついてる、ついてる、ついてる」

そして、次ですね。

これもよくあるかと思います。

朝、ガーって走って行きました。

「あっ、バス、バス行っちゃった。もう、なんだよ、こんな走ったのに」

フー、フー、フーって言うくらい走っちゃって、

「ハー、もう朝からついてないじゃないの」って口に出して言っちゃう

のを、ぐっと飲み込んで、こう言います。

「あー、朝からいい運動になっちゃった。ついてる、セーノ」

(会場皆で)「ついてる、ついてる、ついてる」


そして、次、これもよくあるかと思います。

「あっ、お財布落としちゃった。あの中に、もう今月の全財産入っていたのに、どうすんのよ。もう、ほんとについてないじゃない」って、口に出しちゃうのを、ぐっと飲み込んで、こう言います。

「あー、命まで落とさないで良かった。あー、ついてる、セーノ」

(会場皆で)「ついてる、ついてる、ついてる」

ここまで一人さんに教えてもらった時に、私の中にふと、ひとつ疑問が浮かびました。

「でもね、一人さんね。この世の中って、毎日生きていると、いろんなことが起きる中で、このことのどこがついているのか、とっても思えないようなこととかって起きるよね。そういう時って、どうしたらいいのかな」

と聞くと、一人さんは、そう聞かれることがわかっていたかのように、微笑んで、こう教えてくれました。

「大丈夫だよ、まゆみちゃん。そういう時はね、こう言うの」

「想像もできないくらい、ついてる。セーノ」

（会場皆で）「ついてる、ついてる、ついてる」

私はここまで教わって、そのＯＬの時から、このことをやり始めました。

そうすると、神様からのプレゼント、素敵なことが、どんどん起こり始めました。

まずは、会社の上司や同僚や後輩や先輩、その人たちからのデートのお誘いが、なんと七倍になりました。（笑）

微妙ですか？　いいんです、七倍で。（笑）

ほんとにね、嬉しかったです。

そして、あとは今、私は京都で一人さんのお仕事をさせていただいてるんですけれど、会社を辞める時も、みんなから、「まゆみちゃんだったら、うまくいくよ、がんばってやんなね」って言って、ほんとに暖かく送り出してもらいました。

毎日、ほんとに神様からの小さなたくさんのプレゼントをいただいていましたが、本当の神様からのプレゼントは、こんなもんじゃなかったんです。

ずっとこのことをやり続けていて、私は神様からおっきいおっきいプレゼントをいただきました。

それは、えーと、今ですね。京都で仕事をして、お陰様で毎年、高額納税者で名前が載るぐらいにまでなりました。

ほんとにありがとうございます。

（拍手）

新聞の高額納税者欄に載せていただいてるんですが、京都って千年の歴史があるので、ほんとに、お茶の家元さんとかで、何十万人とかお弟子さんがいらっしゃる方がいるんですけれど、一緒に自分の名前が載っているのを見た時は、一番自分が、もうほんとに、鳥肌が立つぐらい驚きました。

それぐらいおっきいプレゼントをいただきました。

それで、実はですね。ほんとはもう皆さんも、神様からおっきいおっきいプレゼントをいただく下準備はばっちりできてます。

おめでとうございます。

（拍手）

で、このことなんですけど、このおっきいプレゼントは、私だけに起こった奇跡じゃありません。
ほんとは神様は、皆さんの所へもプレゼントを届けようと思って、今待っているんですね。
わかると思いますが、外に出た時、もしかすると、頭にぽたっと鳩の糞が落ちてくるかもしれません。（笑）
バンって、鼻血が出ちゃうぐらい転んじゃうことあるかもしれません。（笑）
そのときに「あー、やんなっちゃう、ついてない」って言うのをぐっと飲み込んで「ついてる」って言ってください。
そうすると、皆さんにも神様からのおっきいおっきいプレゼントが、ほんとにたくさん届きます。
神様は、待ってますから。
私もこれからも、神様からのおっきいおっきいプレゼントをいただき続けていきます。
皆様も神様からのプレゼントを、いっぱいいいっぱい、もらい続けていってください。
本日はありがとうございました。
(拍手)

宮本先生、ありがとうございました。
もう一度大きな拍手をお願いいたします。

大安心（だいあんじん）……宇野信行

続きまして、宇野信行先生です。
宇野先生は、『斎藤一人　黄金の鎖』を出版されています。
まるかんでは、「神様、仏様、宇野様」と言われるくらい、穏和で心優しい方です。
講演のタイトルは、「大安心（だいあんじん）」です。
宇野先生、お願いいたします。

こんにちは、えー、ドキドキしてるんですよ。

私も最近、プレゼントをもらいまして、それは夢という形で、受けとりました。

今日は夢の話をしたいなと思っていますので、よろしくお願いします。

（拍手）

夢の中で私の隣に、ある男性が立っているんです。

で、あれっ、と顔を見ると、なんと、ヨン様。ヨン様が立ってるんです。（笑）

何でここに立ってるのかなあ、と思っていると、すごい足音が聞こえるんです。

で、足音の方を見ると、なんと、私とヨン様めがけて、千人の女性が走って来るんです。

ドドドドドドドッ、私も男ですから、「わあ、私の所に来るのかな」と思ったんですけど、ドドドドドドドドッと、ヨン様の方に九百九十九人、私の前には女性が一人。

男性ならね、わかっていただけると思うんですけど、ま、文句言いますよね。

「同じ男なのに」とか、「付いてるものも一緒だろ」とか、ま、「足の長さも二十センチぐらいしか違わないだろ」とか、ぶつぶつ、ぶつぶつ文句を言っていました。

そうすると、天がパッと明るくなって、なんと、天使が降りてきたんです。

パタパタパタパタパタ、パタパタパタパタパタ、パタパタパタパタパタ、その天使の顔見ると、「あっ、一人さんだ」。

でもね、その時笑ってしまったんですよ。

顔は一人さんなんですけど、体があかちゃん体型の天使なんですよ。

（笑）

それも、顔が一の、体が一で、二等身天使っていうんですか。

まあ、ちょっと重たそうだなと思ったんですけど、パタパタパタパタ、
私の目の前まで飛んで来て、いつもの優しい声で、

「のぶちゃんよ、わかるよ、のぶちゃんの気持ちはよ。そりゃさあ、もうちょっと自分のところに女の人が来ると思ったよなあ。でもさあ、行

っちゃったんだからさ、しょうがないわな。そんなヨン様のほう向いて、ブッブツブツブツ文句言うよりも、まずさ、のぶちゃんがやらなきゃなんないのは、目の前に立ってくれた女性に、『私を選んでくれてありがとうございます』って言わないと、目の前の女性も、いなくなっちゃうよ、なあ」

「一人さん天使、ありがとうございます」って言うと、一人さん天使は、「じゃまた来るよ」パタパタパタパタパタ、パタパタパタパタパタと天に帰って行きました。

あの、これ、くれぐれも私の夢ですので。

場面は変わります。

えー、車を運転してまして、赤信号見てイライラしてるんです。青に変わってスタートすると、また一個目の信号で、赤信号で止まる。また、イライラしてる。

その時また、天がパッと明るくなって、一人さん天使が、パタパタパタパタパタパタパタパタと私の目の前まで来て、

「のぶちゃんよォ、そんなに赤信号ばかり見てても、青に変わんないよ。それよりさァ、ちょっと目線変えてみな。ほら、信号機ばっか見てないで、もっと下の方見てみな。ほら、もっと下、もっと下。ほら、横断歩道にのぶちゃんの好きなミニスカートの女の子が歩いてるだろう。(笑)ほら、歩道見てみな、花壇きれいだよ、な。同じ時間、同じ場所、目線を変えると、自分が楽しめるものって、いっぱいあるよ、な」

「あっ、一人さん天使、またまたありがとうございます」って言うと、一人さん天使は「また来るよォ、じゃあねー」パタパタパタパタパタ、パタパタパタと天に帰って行きました。

ぱっとその時、目覚めたんです。

わー、またいいプレゼントいただいて、夢の中も、起きている時も、いつもいつも助けていただいて、ありがたいなァと思っています。

私が一人さんとはじめて出会った頃は、両親の豆腐屋を手伝っておりました。

今着ているスーツも色は白なんですけど、当時は白衣、ズボンはジャージですね、長靴を履いて、はなゑちゃんのやっていた『十夢想家』という喫茶店に、一人さんが来てるっていうと、お店のラッタッタで、ブーと出かけてって、話を聞いていたんです。

で、はじめに教わったのが、「顔につや」。

でもね、その当時、クリームすら顔に付けたことがないんです。（笑）

そういう男ですから、うちに帰って来て、うちの中見渡して、ま、お袋の使っていたピンク色のね、『桃の花』っていうクリームをちょっと付けてね、つや出してみたり。

「その次は、光り物、光り物付けるんだよー」って。

でも、その当時は、光り物は付けたことはございませんでした。

恥ずかしい、恥ずかしい、ほんとに、米粒大でも、光り物付けて恥ずかしいんです。（笑）

豆腐屋の白衣の上から付けてます。
お客さんが来るとね、隠してみたりして。（笑）
でも素敵な仲間が周りにいましたんで、「今度これ付けたらァ」「今度これいいよォ」「今度これ、どうだい」だんだんなれてきて、今はこういう形になっております。

とても、一人では、ここまで来られませんでした。

いつもいつも、仲間が助けてくれました。

つやの時も、きらきらの時も、「今日、足りないよ、どうしたの？」「今日、つやいいね」「その光り物いいね」「今日付け忘れてるよ」

いつもいつも励ましてくれました。

ほんとに有難いです。

そして、顔につや、きらきらを付けて、二カ月ぐらい経ったら、親爺からもらっている給料が、一万円上がったんです。

で、親爺に聞いてみました。

「どうしたの？　一万円上がってるよ」って言うと、親爺は、

「豆腐屋の売り上げ、上がったんだよ」って。

（会場、拍手）

「いくら上がったの？」って聞いたら、にやっとして、何にも言ってくんなかったんですけど、その週末、おやじとおふくろは温泉旅行に行きました。

これからね、数々の夢をみなさんも見ると思います。
その夢の中で、パタパタパタ、パタパタパタ、って音が聞こえたら、
たぶん、それは一人さん天使です。
みなさん、楽しみにしていてください。

今日はほんとにありがとうございました。

（拍手）

宇野先生ありがとうございました。
もう一度、大きな拍手をお願いいたします。

不思議な魅力論……柴村恵美子

続きまして、柴村恵美子先生です。

柴村先生は、斎藤一人さんの一番弟子で、『斎藤一人の不思議な魅力論』『斎藤一人の不思議なしあわせ法則』『斎藤一人 大宇宙エネルギー療法』『斎藤一人 感動物語』の著者でもあります。

かっこよくて、魅力的で、超セレブな柴村先生の講演のタイトルは、「不思議な魅力論」です。

柴村先生、よろしくお願いいたします。

皆さん、こんにちは。
柴村恵美子でございます。
今日は、不思議な魅力の話をさせていただきます。
私も、本を出しまして、最近あちらこちらで、講演を頼まれるように
なって、行きますと、
「一人さんの魅力ってどういうところですか？」
ってよく聞かれるようになりました。
私も、一人さんと知り合って三十年になりますが、ずっとこう見てお
りましたら、はっはあん、ここがちょっと普通の人と違う一人さんの魅
力だなァ、という所を発見したんです。

皆さん、聞きたいですか？

はい、それでは話させていただきます。

私が十八歳の時に、一人さんと専門学校で会いました。

入学式のその日、偶然にも、一人さんは私の後ろに座っておりました。

今のように、顔も髪の毛もつやつや、そして、華やかな色の服を着て、とても素敵な感じの人でした。

そんな一人さんが、お昼休みですね、私に一番最初に話しかけた言葉が、「あなたとは長くなりますね」。

えーっ、私は「専門学校ですから二年ですよね」と、こう言いましたら、「いいえ、一生のお付き合いになりますよ」。

えーっ、私は「なぜそれがわかるんですか?」と聞きましたら、一人さんは、にこっと笑って、「前世からのお約束なんですよ」。

えーっ、もう私は頭の中が、なんのこっちゃ、と思いました。(笑)

不思議な、変な人、と思ったんですね。

そして、今、三十年も付き合っております。

もう、私はこれから一生、一人さんとずっと付き合っていくと確信しておりますから、一人さんの言ったことは、ずばり、当たったわけなんです。

そして、一人さんの魅力の話に移りますけれども、学生時代も、一人さんと私はよくお食事に行きました。

ラーメン屋さんの時もあります。

本にもよく出てくる「鯵《あじ》のひらきの定食」の定食屋さんとかですね。

それから、レストランにも行っておりました。

そんな時ですね、お水を持ってくるウェイトレスさん、そういう人に、一人さんは、「ありがとう」とか「美味しいですね」とか言うんです。

ご飯を食べて、お会計をする時も、「とても美味しかったですよ」とか言うんです。

その頃、そのようなことを言う人は少なかったので、私は一人さんって随分丁寧な人だな、と思っていたんです。

いつもそんな感じで、ある日、一人さんとドライブに行きました。

高速道路で、切符を売ってる人に、「どうもご苦労様、ありがとうございます」って言うんですよ、一人さんは。

暑い時なんかは、「暑いのにご苦労様ですね」って言うんです。

まあ、今だったらそんなことはないと思うんですけれども、昔は結構切符を渡す人も、もらう方もブスッとしてる人が多かったと思うんです。

そんな中でも、一人さんは笑顔で、「ご苦労様、ありがとう」を言っていました。

相手の人も「いいえ」って笑顔が返ってきました。

そして、高速道路を走っていて、途中でトイレに行きます。

そこでお掃除をしている人に、「いつもきれいにしてくれて、ありがとうございます。お陰で、とても楽しい旅ができますよ」って一人さんが言うと、そのお掃除をしてる人達も、「いいえ、素敵な旅を続けてください」という笑顔が返ってきます。

ずっと一人さんを見ていまして、周りの方も「昔から一人さんて、ああいう感じですか?」って一番聞かれるんですね、最近。

一人さんって、ほんとに昔からそうなんです。

今ほど、昔はお金持ってなかったんですけれども、持ってない時も、やさしかったんです。

目の前の人に優しい感謝の言葉を、いつもかけておりました。

よく、お金がないとね、私、聞いたことがあるんですけれども、お金がないといじけちゃう、っていう人や、お金を持つといばっちゃったりね、態度が横柄になっちゃう、っていう人がいる中で、一人さんて、そういうことをまったくしない人だったんです。

私は、一人さんのそういう所にまたすごい魅力を感じました。

よく見てみると、一人さんの歩いた所には、笑顔の花がいつも咲いていました。

私は、そんな一人さんを見て、「あー、そういう所も見習っていこう」と思っていました。

そんなある日、一人さんがスポーツカーのポルシェを買ったと聞きました。ポルシェって、すごいスピードが出る車なんです。

私も若い頃は結構スピード狂で、ああ、もう、高速に乗って、すっとばしたら気分がいいだろうな、と思って、一人さんに乗せてもらうことになりました。

一人さんのポルシェに乗ったんですが、その車は、まず高速道路に乗る前に、バスの後ろを走ってました。

で、停留所でバスが停まると、なぜかそのポルシェも一緒に停まってました。(笑)

結局、バスに乗ってる人と同じ速度で走っていたんですね。

変に思った私は、「一人さん、なんで抜かさないの?」って聞いたら、「やあ、急ぐ旅でもないしね。ゆっくり行った方が楽しいから」って気楽な感じなんです。

私は、「そうかァ、でも高速に乗ったら、きっとすっとばしてくれるんではないかな」と期待を込めて、高速道路に乗りました。

乗ったら、一人さんはマイペースで走ってるんです。

で、後ろからトラックがやって来ました。

「ここはスピードを出すんじゃないかな」皆さんもそう思いますよね。

せっかく速い車に乗ってるんですから。

そうすると、一人さんはすっと左の車線によけて、「お先にどうぞ」っていう感じで、車を行かせてしまうんです。

「あら、今スピードの出し時だったよなあ」と思いながら、また、車が来ると「どうぞ」とよけます。

私は聞きました、一人さんに。

「一人さん、今、スピードの出し時だったのに、なぜこっちにどけちゃうの？」

聞いたらですね、なんと一人さんは「だって、俺たちは遊びでね、車に乗ってるけど、トラックの人たちは仕事してるんだよね。だから仕事が最優先だよ」

へえー、だったらね、別にスポーツカーじゃなくてもいいんじゃないの、って皆さんも思いますでしょう?

でも、そんなこと気にせず、一人さんは楽しそうに運転してます。

そんなこんなで、ドライブして、帰る頃には渋滞に巻き込まれました。「あー、私もちょっと疲れたな」なんて思っていましたら、一人さんもちょっと疲れた様子だったら、「あーあ」って一人さんがため息のような言葉をついたのです。

「一人さんもため息つくことあるんだな」と思っていたらですよ、その後です。

「あーあ、幸せだなあ」さらにもうひとつ、「あーあ、楽しいね」。

そういうふうに言った一人さんを見て、私もおかしくなってしまいました。そして、疲れがすっとんでしまいました。


一人さんって、本当に会う人会う人に、笑顔の花を咲かせます。

そして、幸せの配達人なんじゃないかな、たくさんの人に幸せをお届けする配達人なんだな、って思いました。

私も、そんな一人さんを見習って、笑顔で愛の花を咲かせるようにがんばっていましたら、今、私の周りにたくさんの素敵な仲間が集まって来てくれました。
今、私は、本当にそういう皆さんに出会えて、とってもハッピーで、幸せです。
今日は、こんな素敵な笑顔いっぱいの皆さんに出会えて、世界一幸せです。
ありがとうございました。
（拍手）

柴村先生、ありがとうございました。
もう一度大きな拍手をお願いいたします。

一人さんとみっちゃん先生の不思議な話……みっちゃん先生

続きまして、みっちゃん先生です。

みっちゃん先生はいつも明るくて、素敵な笑顔で、会う人の心をほんとに幸せにしてくれます。

『斎藤一人とみっちゃん先生が行く』『悩みから宝が生まれる』の著者でもあります。

講演のタイトルは、「一人さんとみっちゃん先生の不思議な話」です。

みっちゃん先生、よろしくお願いいたします。

はい、こんにちは。みっちゃん先生です。

私は、他の十人のお弟子さんの中で、一番の自慢できることは、私が小さい時、ほんとによちよち歩きの時から、一人さんとは知り合いだったってことです。自慢てのはそれだけなんですね。


一人さんは、会う時にはいつも優しくて、なんていうんですか、ほっとさせてくれる素敵な人だったたんですね。

それで、いつも一人さんから褒められてたってことが、唯一の私の励みでした。

私は、一人さんの仕事を今させていただいてますけれど、なんといっても、一人さんのそばにいられたら、どんな内容の仕事でもいいなと思って、付いてきましたから、今嬉しいです。

今やっている一人さんの仕事はね、ほんとに楽しいです。なぜ一人さんといるといいかというと、ほんとに気持ちが楽になって、安心できるってことが、一つなんですが、そのほか、一緒にいると、不思議なことがたくさん起きます。

その不思議なことの中から、私なりにいろんなシリーズがあるんですけれど、今日は、お墓の話というのをさせていただきます。

よろしくお願いいたします。

（拍手）

今から二十年前に、うちにとって大変な事件が起きたんですね。

それは、うちの父が、突然息がつまって苦しがって、救急車を呼ばないといけないということになってしまったのです。でも救急車は間に合わないから、とりあえず自動車で病院に連れて行ったんですね。息がつけない呼吸困難っていう状態になってしまったんです。

その時はまだ一人さんの仕事をしていなかったんですけど、一人さんに「お父さんがこういう状態なんですけど、なんでだろう」って聞いたんですね。

そうしたら、一人さんって不思議な人ですから、私の顔をじいっと見て、「みっちゃんの家のお墓のそばに大きな木があるだろう」って言うんです。

私も田舎のことを思い出したら、ほんとに木があったんですね。

一人さんは「そのお墓の木の根っこが骨甕《こつがめ》の所を取り巻いてて、締め上げているから、それで苦しがってるんだよ」って、教えてくれたんですね。「もしそうだとしたら、掘り返して根を切らないといけないよ」と言ってくれたんです。

私も、父にはまだ長生きしてほしかったので、シャベルとのこぎりを持って、田舎のお墓に出かけました。

私には兄がいたんですけれど、生まれてすぐに亡くなっているんです。

普通、お墓には墓石ってあるんですけれど、うちの両親はまだ若くてお金が無かったもので、墓石が買えなくって、土の中に骨甕だけを入れていたんです。埋めていたんですね。

私はそれを深く掘って出しました。

そしたら、小さな骨甕が出てきたんですけれど、やっぱり一人さんが言っていたように、その骨甕の周りに木の根がからんで、締め上げるように縛り付いていたんですね。

それを、はずしたんです。

そうしたら、ほんとに嘘のように父が良くなったんですね。


それで私は、ほんとにその時に世の中ってね、不思議なことがあるんだなって思ったんですね。

お墓の話ってこれだけなんですけれど、まだ、いろいろあるので、機会がありましたら、一つずつお話させていただきます。

今日は私の体験したほんとの出来事だったので、話させていただきました。

今日はこんないい機会をつくっていただきまして、ありがとうございました。

（拍手）

みっちゃん先生、ありがとうございました。

もう一度大きな拍手をお願いいたします。

無敵の人生……芦川政夫

続きまして、芦川政夫先生です。

芦川先生はいつお会いしても、元気パワーが溢れています。

出会う人々みんなの心を一瞬にして幸せな気持ちにさせてくれる、とても人情溢れる優しい先生です。

講演のタイトルは、『無敵の人生』です。

芦川先生、お願いいたします。

（拍手）

感謝します。ただ今ご紹介いただきました芦川でございます。

皆様から見て、幸せそうなおじさんが出てまいりました。

ご想像の通り、私は幸せでございます。

この幸せも、斎藤一人さんと出会ってからの幸せでございます。

私の過去というのは、恨み、つらみ、ねたみ、そのあらゆる数々の中から、この斎藤一人さんに巡り会って、こんなに今は幸せに。

この体験談を皆さんに聞いていただこうと思っております。

よろしくお願いします。

（拍手）

実は私は静岡県の伊豆の旅館の息子として生まれました。

とても幸せな出発点です。

でも、私が三歳の時、父を亡くしました。

次の日、その旅館から、母親と兄、私、弟は、一銭のお金ももらわずに、巷に放り出されました。

母は、明日の糧を得るため住み込みで勤め、兄は親戚へ、私と弟は別の親戚に預けられました。

弟は0歳の時から小児麻痺です。

その親戚に私たちはいじめられました。

近所の子供にもいじめられました。

ほんとなら、母の袂《たもと》で泣くべきが、泣くところがありません。

じっと我慢の子でした。

やがて小学校六年生になった時、私は東京のお店に預けられました。

体《てい》のいい丁稚《でっち》どんです。

そこの主人からもいじめられました。

同僚からもいじめられました。

どうすることもできない。

毎日毎日、夜、布団をかぶって泣くのが精一杯でございました。


でも、なんとか自分たちの住む家を建てなきゃならない。

一生懸命努力した結果、小さい家を建てました。

あー、これで幸せだ、そう思った矢先、弟がその家を火の不始末で全焼させてしまいました。

病院に駆けつけた時、弟はほんとに大やけどです。

「にいちゃんごめん、にいちゃんごめん」ただそれだけを叫ぶのです。じっと手を握って、「大丈夫だよ、一から出直そう」

そういうような言葉しか出ません。


やがて、伊豆で菓子屋を始めました。

ほんとに地を這うような努力、がんばり、辛抱を重ね、やがて伊豆一番の菓子屋をやっとつくり上げました。

「あー、これで人生幸せになるな、あー、これで良かった」と思った矢先でございます。

私の大事な娘が大病を患いました。神様っているんだろうか、仏様は守ってくれるんだろうか、そう思いながらも、この娘が、病気から一生懸命なんとかがんばって、立ち直ってほしい、そういう思いで、元気を娘に与えるのが精一杯でございました。

娘も回復に向かい、ああ、良かったなあ、と思った矢先でございます。お菓子屋が、共同経営でやっていた友達に裏切られて、取られてしまいました。

ああ、人情もなにもないなあ、そう思いながら、もういやだ、こんな人間の世界はいやだ、と思いながら、なけなしの金を手にして、東京に出てきました。

さあ、ここからが私の人生の起点でございます。

実は東京の下町に、小さい喫茶店をつくりました。

皆様ご存じの、日本で一番暇《ひま》な喫茶店でございます。

ある日突然、この喫茶店で奇跡が起こりました。

斎藤一人さんが訪ねてくれたのです。

もちろん家庭訪問じゃないですよ。

お茶を飲みに来てくれたんです。

私のこの過去の暗い話をしました。

一人さんは、「まさちゃん、苦労したね。もう、その苦労やめな」

えっ、私が望んで苦労してるんじゃないのに。

「苦労をやめることができるんですか?」

「うん、僕は幸せになる方法を知ってるから、教えてあげるよ」

「えっ、方法なんかあったんですか」

「明日、教えるよ」

「今日、教えてくださいよ」（会場笑）

一人さんは次の日来て、「まさちゃん、昨日の約束通り教えるよ」と言ってくれました。

待ってました。

「まず、まさちゃん、二つの約束をしな」

二つ。こんなに苦労してるんだから、二つぐらい簡単だ。

「なんでしょう？」

「これはね。まず一つは、顔につやを出しな」

えっ、幸せと顔につやはどういう関係？

「まさちゃんね、成功してる人は、全員、顔につやがあるよ。それから福相《ふくそう》なんだよ。まさちゃんの顔見てごらん」

あわてて鏡を見ました。

縦じわ、横じわ、斜めじわ、しわ全部私にいただきました。

おまけにこの顔に、乾燥芋《かんそういも》のように粉が吹いてました。

はあ、これだな。

「その次、なんでしょう?」

「その次に言葉だよ。言霊といってね、天国言葉を話しな。愛してます、ついてる、うれしい、楽しい、感謝してます、しあわせ、ありがとう、ゆるします」

「あー、今までやってなかったことだ。よおし、やってみよう」

その結果が、私に今の幸せをもたらしてくれました。

これをやり続けたのが、今日でございます。

最後になります。
私はこれだけ、皆さんにお伝えしたい、と思います。
一人さんに私はこういう教えを受けました。
「まさちゃん、俺も未熟者、まさちゃんも未熟、人はみんな未熟だよ。
生きているということは修行だよ」
えっ、この歳でまだ修行があるの？（会場笑）
「なんの修行ですか？」

「無敵の人生を目ざす修行だよ」

「あっ？」

「よく聞くんだよ」

「はい」

一人さんのお話です、聞いてください。

「まさちゃん、いつも笑顔でいるんだよ。何でもいい、光るものを身に付けて、いつも笑顔でいようよ。人は誰もが太陽なんだよ。自分で輝くことができるんだよ。

光るものを身に付けて、いつもそのことを忘れずにいようよ。太陽のようにいつも明るく輝いていようよ。

そして、愛のある言葉を話すんだよ。そしたら、会う人会う人がみんな味方になってくれるよ。

無敵というのは誰にも負けないということじゃないよ。敵がいないということだよ。敵が一人もいなければ、それだけでこの世は天国だよね。

笑って、無敵の人生を歩こうよ」

一人さん、ありがとうございます。


私は今年で七十歳になります。

まだまだ無敵に人生の修行中でございます。

これからも、あとどれだけ素敵な心の修行ができるか、今からわくわくです。

皆さん、私と一緒に無敵の人生、歩いてみませんか？

本日は、ありがとうございます。

（拍手）

芦川先生、ありがとうございました。
もう一度、大きな拍手をお願いいたします。

言霊《ことだま》の魔法……遠藤忠夫

続きまして、遠藤忠夫先生です。

遠藤先生は、『斎藤一人　天才の謎』の著者でもあります。

どんな頼み事をしても、二つ返事で引き受けてくださる頼もしい、まるかんのお兄さんです。

講演のタイトルは「言霊の魔法」です。

遠藤先生、お願いいたします。

皆さん、こんにちは、遠藤忠夫です。

本日の私の話は、たった一言で私の人生が変わってしまった、という、実際に私に起こった話「言霊の魔法」聞いてください。よろしくお願いします。


私と一人さんは今から二十年前、はなゑ社長がやっていた『十夢想家』っていう喫茶店で出会いました。

出会った当時、私は一つ悩みを抱えていました。

そして、その悩みを一人さんに聞いてもらおう、一人さんだったら、私のこの悩みを解決してくれるんじゃないかな、と思って打ち明けました。

「一人さん、私は今、悩みがあります、聞いてくれますか」と言うと、一人さんは、「いいよ、忠夫ちゃん、話してごらん」と優しく言ってくれました。

「私は今、そこの自動車教習所に指導員として勤めているんですね。その教習所は、指導員が百人いるんですけど、その百人のうち、一人さん、たった一人なんですけど、私のことを嫌ってる人がいるんですよ。百人のうち一人だったらいいじゃないか、って思いますよね。でも実はそうじゃないんです。

百人のうち、そのたった一人というのが、私の上司なんです。

上司だとなぜ悪いか、っていうと、実は今、私は自動二輪を教える資格があるにもかかわらず、嫌われているから、教えることができないんです。

また、学科を教える資格があるのにもかかわらず嫌われているから、学科も教えることができないんです」

「それから、朝です。

朝って、一人さん、一番スタートですから、やっぱり爽やかに気持ちよく仕事したいですよね。

朝、私はその上司に対して、おはようございます、って挨拶をするんです。

そうすると、上司は私にこう言います」

「今からちょっとだけやってみますから、一人さん見ててください」って、一人さんに見てもらいました。

今から実際にやりますから、見てください、皆さんも。

「私が朝、教習所に行きます。

上司が前から、歩いて来ました。

私は立ち止まって、上司の顔を見て、笑顔で『おはようございます』

ってその上司に言います。

そうすると、上司は私に向かってこう言います。

『おっ』

小さな声で『おっ』だけです。

でも他の指導員が上司に向かって、『おはようございます』って言うと、その上司はこう言うんですよ。

『おはよう』

これはひどいですよね。

私の悩みというのは、実は挨拶をしてもらいたいっていうことじゃないんです。

今実際に私は、自動二輪を教える資格があるのに、嫌われているから、やらせてもらってないんです。

また、学科を教える資格があるのにもかかわらず、嫌われているから、学科教えられないんです。

この悩み、どうにか解決できませんか?」

って一人さんに聞いたら、一人さんが私にこう言ってくれました。

「忠夫ちゃん、解決できるよ。

じゃ、今からその解決方法を忠夫ちゃんに教えてあげるから、よく聞くんだよ。これから話す言葉は、魔法の言葉だから、忠夫ちゃん、覚えとくんだよ」って一人さんが言いました。

私は「はい、教えてください」って言いました。

「いいかい、今から言うよ、よく聞いてよ。

明日、その上司に会ったら、一言、笑顔を添えて、『感謝してます』って忠夫ちゃん、言ってごらん」って、一人さんは私に優しく言ってくれました。

その時、私は一人さんに、こう答えました。

「一人さん、絶対に言えません、私、一人さん、申し訳ないんですけど、その上司にこれっぽっちも感謝してません。ですから、一人さん、言えません。

うちの母親は、私にこう言います。

『心にもないこと、言うんじゃない』って、いつも言いますから、心で思ってませんので、『感謝してます』って、一人さん、言えないんです」

と私が言ったら、一人さんは優しくこう言ってくれました。

「忠夫ちゃん、いいかい、人間、心で思ってから、口に出して言うんだとしたら、十年、二十年言えないよ、だから、心で思ってなくてもいいから、『感謝してます』って、口に出して言いな」って言われた時、私は「はい」って言いました。

そして次の日、教習所で上司に言う決心をしました。
実際に次の日になったと思って、皆さんも聞いてください。
朝、上司が前から歩いてきました。
私が歩いてきます。
立ち止まります。
にこっと笑ってその上司に対して、
「おはようございます、感謝してまーす」
と言ったんです。

そしたら上司が思わずこう言いました。

びっくりした顔で、

「おはよう」

私、すっごく嬉しくなりました。

あー、教習所に入ってはじめて、「おはよう」って言ってもらいました。

そして、ドラマはその日のお昼休みに起きました。

私、その上司に指導員室に呼ばれました。

「遠藤君、君は確か自動二輪、教える資格持ってたよね」って言うんです。

で、私はこう言いました。

「はい、持ってます」

「そろそろやらないかい」って言うんで「やらせていただきます」って言いました。

そして、続けざまにこう言われました。

「学科も教える資格持ってたよね、そろそろやらないかい」って言うんです。

私はまた続けざまに「やらせていただきます」って言いました。

そして、指導員室を出る時です。

その上司が私にこう言いました。

「遠藤君、今晩一杯飲みに行かないかい」

「喜んで！」と私は二つ返事で言いました。

教習所に入って、この上司に飲みに連れて行ってもらったのが、その時がはじめてでした。

私は実際に、その上司に対して、

「感謝してます」

って言いました。

でも、私の心の中はどうだったのかなと思いますと、ほんとにこれぽっちも感謝の気持ちなんか持ってませんでした。

嫌がらせをされている人に、感謝なんかしたくないもんね。

だから、思ってもいなかったんです。

でも実際に言葉に出た、

「感謝してます」

ということが相手に伝わり、奇跡が起きました。

今では私は心から、

「感謝してます」

という言葉が、毎日出るようになりました。

これが、私に起きた言霊の魔法という話なんです。

実は、つい先日この話にはびっくりするような後日談がありまして、
その話を一人さんに私はつい先日聞かされました。
その話を皆さんにこれから聞いていただこうと思います。よろしくお願いします。

つい、先日のこと、一人さんに「感謝してますと一言言っただけで、なんであんな奇跡が起きたんでしょうね」と、尋ねました。

そしたら、一人さんが私にこう言いました。

「忠夫ちゃんは、家庭のことや親のこともいろいろあったよね。

体も人一倍大きかったし、けんかも強かったし、正義感も強かったから、人助けもたくさんしたけど、弱い者をいじめちゃったこともあるよね。

強い人間って、ずっとやられた人の気持ちがわからないんだよ。

だけど、そこに就職して、自分の上司が忠夫ちゃんに意地悪をした時、はじめて弱い人間はいじめられた時に、こんな気持ちだったんだろうな、ってわかったよね。

まったく嫌な上司だなと思うのは、人間界の言い方なんだけど、その上司のことを、この人が観音様の化身なんだ、この人が自分に嫌なことをされた人間の気持ちをわからせてくれたんだ、ああ、ありがたい、この人が観音様だ、と思ったら、ありがとうございます、感謝してます、と自然と出るよね」

と一人さんは、私に教えてくれました。

私は、二十年経った今、当時の「感謝してます」っていう訳がわかりました。

そして、こんなに深い意味のある話だとは知らずに話をしていましたが、その訳を知った今、私はこの感謝の話がますます好きになりました。

今日は、私の話を聞いてくださいまして、皆様に心より感謝いたします。

ありがとうございました。

（拍手）

遠藤先生、ありがとうございました。

もう一度、大きな拍手をお願いいたします。

だれでも歩けるついてる人生……千葉純一

続きまして、『だれでも歩けるついてる人生』を出版しました千葉純一先生です。

いつも明るく元気で、人を楽しませるのが大好き。いつも千葉先生のいる所、笑顔と笑い声がいっぱいです。

講演のタイトルは、「だれでも歩けるついてる人生」です。

千葉先生、お願いいたします。

改めまして、千葉純一です。

よろしくお願いします。

今もご紹介いただいたんですけどね、本を出版させていただきました。もちろんこの本がね、出せるようになったのも斎藤一人さんと出会ったからなんですけれども、私は一人さんとは、およそ二十年前に出会いました。


その時、私は一人さんにお願いしました。

もっと豊かになりたい、もっと幸せになりたい、お金持ちになりたいんです、と。

今考えると、図々しいお願いなんですけど、一人さんは「うん、わかった」。

普通、わかんないでしょ、こういうお願い。「純ちゃんもがんばんなさい、僕もがんばるから」というのが普通の答え。

「うん、わかった」って言うんですよ。

あら、わかってくれちゃったんだ。

そうしたら、「純ちゃん、いいかい」ってもう次にね、早速教えてくれるんです。

「純ちゃん、いいかい、今から言う三つのこと、やるんだよ」

「はい、はい、はい」

「つやと、きらきらと、天国言葉だよ」

なんですか？　みたいな。今から、二十年前ですからね。

「ああ、悪かった悪かった。純ちゃんね、今から説明するからね、ひとつずつ」

「はい」

「いいかい、まず、顔につや出すんだよ。いいかい、豊かな人、お金持ちの人で、顔がくすぶってる人っていないから。つやを出しな」

ああそうか。

「一人さんね、私の顔、結構、脂ぎってるから、これでもいいですかね、てかてかしてるんですが」

「微妙につやとは違うんだけど、くすぶってるよりはいいから、まあ、徐々に教えていくから、それでいきなさい」

「で、次にきらきらしたものね、ペンダントとか、アクセサリーを一つか二つ付けな」って言われて、「一人さん、付けていいんですか、じゃあ、私、じゃらじゃら付けさせていただきます」って大喜びしていたら、一人さんに
「あんまり下品にならないように」

って言われたんです。

いまだにちょっと微妙な線を走ってるんですけど。

私の問題は、最後の三つ目ですよ。

「いいかい、純ちゃん、天国言葉だよ、愛してます、ついてる、うれしい、楽しい、感謝してます、しあわせ、ありがとう、ゆるします。こういう天国言葉を積極的に使うことと、純ちゃんの場合は、丁寧な言葉遣いを心がけるんだよ」と言われました。

ああそうか。で、ですね。この本が出た時もそうです。

私、岐阜なんですけど、岐阜の事務所にいる時に一人さんから電話をいただきました。

「純ちゃん、本の出版おめでとう」

「ありがとうございます」

「いいかい、純ちゃん、本のひとつも出すと、純ちゃんも世間からね、文化人とか、言われたり、思われたりするから、いいかい、くれぐれも言葉遣いだけは丁寧にするんだよ」

あっ、二十年前に言われてることと一緒だな。

「はい、わかりました」

「いいかい、純ちゃん、悔しいことがあって、『くそくらえ』とか、言いたくなるようなことがあっても、決して言っちゃだめだよ。でもね、どうしても言いたくなったら、こう言いな。『うんこ、召し上がれ』って丁寧に言うんだよ」（大笑）

丁寧ならいいんだ。（大笑）

一人さん、その節は、ありがとうございました。（笑）

その時、ちょうど私、本が出て一週間くらい、久々に新車を購入させていただきましてね。名神高速をぴゅうっとね、ご機嫌で飛ばしてたら、ぱちんっていったんですよ。

何この音、嫌じゃない！

もう、こっからすごいですよ、私の心の中は。

とっても斎藤一人さんの弟子とは思えないような状態に入っています。

「えっ、何この音、あっ、ちょっと待って、あっ、ひび、うっそでしょう、俺の車来て、まだ一週間なのに、こんなに一杯車が走ってんのに、隣の車なんか五年ぐらい経っちゃってそうなのに。えっ、マジですか、よりによって、俺の車ねらったように石が飛んできて、時間よ戻れ」とか、いろんなこと思うんですけど、やっぱりフロントガラスに傷がついてるんですよ。

「くそー、ついてねえな」とか心の中で思うんですけど、口に出した言葉は

「ついてる」

です。

多少元気ないんですけど。

でもね。間違っても、一応一人さんの弟子ですから。それにもうひとつ、「ついてない」と言えない訳があるんです。

実は私のこの本、もう世の中に出ておりました。

私の本、三十八ページです。

「一人さんに言われたことの中には、『えっ、ほんと』と思うことがたくさんありますが、中でも驚いたのは、『本当はどう思っているかなんかは関係ない、とにかくいい言葉を口にしな』ということです。

普通は違いますよね、『口先で言うだけじゃだめ、気持ちが大事なんだ』って。

私もそう言われて育ちました。

『だったら純ちゃん、試してみるかい。

鍋焼きうどんが食べたいと思っている時、うどん屋さんに行って、カレーうどんを頼んでごらん。心で思っていることが通じれば、鍋焼きうどんが出てくるよね。

どっちが出てくるか、実験してごらん』」

当然カレーうどんですよね。(笑)

ですから、どんなことがあっても、「ついてる」です。

心はそれでどうにか落ち着けたんですけど、頭にカーと血が上って、この石を飛ばしたのは、前を走ってるトラックって、明らかなんですよ。前に回り込んで、一言文句を言いたい、頭がカーとしてるんですけど、私、怒れない訳があるんです。

そうです、皆さん、この本出てました。

私、この本にそって生きてますので。（笑）私の本の、百十ページです。

「なんといっても、一人さんの弟子になったのは、カッコいい車に乗りたいと思ったから。カッコいい車は私の夢でもあります。

いよいよ車を買おうと思った時、一人さんから言われたことがあります

『純ちゃん、外車を買ってもいいけど、外車に乗るなら、ぶつけられたぐらいで、怒っちゃいけないよ。怒るぐらいなら、電車にしなよ』」

私、名神高速道路を電車で走りたくないと思いました。（笑）

皆さんもね、日々生きていると「ついてないな」とか、「ついてないわ」とかいっぱい言いたくなるようなことがあると思うんですけど、ぜひ、今日のこの話を思い出して、しぼりだすように「ついてる」と言ってみ

てください。
本日は、ありがとうございました。
（拍手）
はい、千葉先生ありがとうございました。
もう一度大きな拍手をお願いします。

つやこの法則……舛岡はなゑ

続きまして、舛岡はなゑ先生です。

はなゑ先生はご存じ、『斎藤一人　十五分間ハッピーラッキー』『斎藤一人人生楽らくセラピー』『すべてうまくいく　そうじ力』などの著者で、いつもきらきらと輝いて、男女を問わず憧れる人が多い、とっても素敵な女性です。

本日の講演のタイトルは、「つやこの法則」です。

はなゑ先生よろしくお願いいたします。

こんにちは、改めまして舛岡はなゑです。

（拍手）

ありがとうございます。

私もお陰様で本を出させていただきまして、今日は、この本の中から、言葉の話をひとつしたいと思いますので、よろしくお願いいたします。

（拍手）

先ほどから何度か、みんなの話の中にね、天国言葉っていうのが出てきたんですけれども、その言葉の話をします。

一人さんから教わったことなんですね。

「自分も周りの人も、気持ちが明るくなる、楽しくなる、気分のいい、そういう言葉を使うんだよ」って教わったんです。そういう言葉を天国言葉といいます。

具体的にどういう言葉かといいますと、

「天国言葉＝愛してます、ついてる、嬉しい、楽しい、感謝してます、幸せ、ありがとう、許します」（『ハッピーラッキー』の本の四十九ページ）

これ以外にも、「お花がきれいね」とか、「お母さんのご飯おいしいよ」とか、そういう言葉ももちろん入ります。

逆にどういう言葉を使ってはいけないかというと、地獄言葉といいます。

「ついてない、不平不満、愚痴、泣き言、悪口、文句、心配事、許せない」

こういう言葉を「地獄言葉」といいます。

皆さんも自分がうまくいってない時、そういう時は地獄言葉が多かったんではないかと思うんですね。

思ってなくてもいいんですね、天国言葉を言いましょう。

心の中が地獄言葉で充満してても、がんばってがんばって、天国言葉を言いましょうね、っていうことです。

こういう話を、いろんな「寺子屋講演」でお話させていただいてるんですけど、先日も、宮城県で「寺子屋講演」がありました。

そこで、今の天国言葉の話をしました。

そして無事にその会が終わったんですね。

じゃあ、二次会行きましょう、っていう話になったんです。そしたら、そこにいたある男性が、こういうふうに言いました。

その人は石橋君という人なんですけれども、「あ、これからお酒を飲みに行く席なのに、自分は車で来ちゃいました」って言ったんですよ。

私的に言うと、「あ、ちょっと愚痴っぽいなァ」って思ったんですね。

でもね、さっき、はじめて聞いたばっかりの話だからしょうがないかなァ、と思って、ま、次は明るい答えを期待してですね、「ああ、じゃあ、いつもはお酒飲むんだね」って聞いたんです。

そしたら、石橋君が「いいえ、肝臓が悪くて飲めないんです」

その後続けて、「食べ物も止められているんですよ」って言ったんですね。

で、私はちょっと殺気を感じました。

たぶん、この人、愚痴とか多いんじゃないかな、と思って、その人からね、逃げようと早歩きで先に二次会の会場に、いそいそと行きました。

そうこうしているうちに、お店に着いて座っていると、後から男性が来て、私の隣の席に座ったんです。

その人は、石橋君でした。(笑)

おきまりですね、ああ、逃げたのに、隣に来たってことは、神様のレッスン1《ワン》なんだな、と思いました。

で、みんなで盛り上がって、自己紹介が一人ずつ始まったんですね。

みんな明るい話題で、自分の紹介をしていったんですよ。

最後に石橋君の番になったんです。

彼はスクッと立って、こう言いました。

「自分は肝臓が悪いんです。食べ物、止められてるんですよ。もちろんお酒も飲めないんです。難病なんです。膠原病なんですよ。目の手術も十五回しまして、それでも治らずに、ほんとに辛くって、死のうと考えたこともありまして〜」

まだ続きそうだったんですね。

で、私は「ストップ、ストップ、石橋君、ストップ」と止めました。

「石橋君、さっきの私の言葉の話聞いてた?」

「はい、聞いてました」

えっ？　と思ったんですけど、

「石橋君ね、今あなたが言った言葉、ごめんね。全部私的に言うと地獄言葉なんだよね。具合悪いってのは事実だとしても、最後にさ、『みんなといたらね、楽しいです』、とかそういうこと言ってほしかったな。ね、あなたがずっとね、どんなに具合悪いかっていう話を聞いていて、ここの人たち気分いいと思うかな」って聞いたんですね。

その時私の心の中に、ふっとあることが思い浮かんだんです。

なにかといいますと、私の出した本『斎藤一人　十五分間ハッピーラッキー』の後ろに一人さんのお話している講演の「つやこ 49」っていうCDが付いてるんですよ。

そのCDの中で、一人さんがこういうふうに言ってるんです。

「うまく行かない人、具合が悪い人って、何か許せないんだよ。そして、もしかしたら、自分のことが許せないんだよ。でもね、大丈夫。思ってなくていいから、『自分を許します』って言いな。言えなかったら、何度でも言えない自分を許せばいいよ。そうすれば、いつしかね、幸せの方に行ってるよ」

そういうこと言ってるんです。

その話がふっと浮かんできたので、石橋君に聞いてみたんです。

「石橋君さ、もしかしたら、なんか許せないのかな?」

「はい、許せません」

きっぱり。あら、当たったと思ったんですね。

「じゃ、もしかしたら、石橋君、自分のこと許せないのかな」

「はい、許せません」

ああ、やっぱり。でもね、一人さんが言ってた通りだと思ったんで、

「だいじょぶ、だいじょぶ、石橋君。自分を許します、って言えばいいんだ。はい、言って」

「だめです」

「あ、ごめん、ごめん。思ってなくていいんだ。思ってなくていいから、自分のことを許します。はい、言ってください」

「だめです」

「えっ、じゃあ、ごめん、ごめん。だめですっていう自分、許します。どうぞ」

「だめです」

「えー」

みんなね、集まってきちゃったんですよ、周りにいた人たちが。

「どうしたの、どうしたの？」

「うん、石橋君が自分を許しますって言えないのよ」

「えっ、なんで。じゃ、セリフだと思ってみんなで言おうよ。セーノ」


彼だけ言えないの。で、あらら、みたいな。

「ああ、じゃ、言えない自分を許します。どうぞ」

「だめです」

「じゃ、だめですっていう自分を許します。どうぞ」

「だめです」

全然だめなのね。で、これはちょっと無理だなあと思って、

「石橋君さあ、そんなに言いたくないかな」って言ったら、

「はい、言いたくありません。思ってなくてもいいと言われても言えません」

「そっかあ」

私もどうしようかな、と思ったんですね。それで、

「はあー。石橋君さ、あのね。私、今のところ、これ以上のアドバイスは思いつかないんだけど、治りたいの？」聞いたんです。

「治りたいです」

「そうだよね。あのね。だとしたら、まず、自分を許します、って言う

ことしかないんだ。最初はさ、それがスタートなの。ね、言えないかな」

「だめです」

「そうかあ。じゃあさ、石橋君、ごめんね。言えるようになるまで、出入り禁止ね」ってニコッと笑って言ったんですよ。（笑）

そしたら、石橋君がですね、「はーっ」って辛そうな顔をして、しぼり出すように、

「わかりました。自分を…許し…ます…」

ほんとにその時、言った瞬間、ぱあーって、拍手が湧いたんです。

「良かったね、石橋君。言えたじゃん」

ほんとに言えないと思ってたんです、みんな。

そんだけ言いたくなかったみたいで、やっと言ったんで、ほんと嬉しくなっちゃったんです、私たち。

で、「良かったねえ。ほんと私たち、嬉しくなっちゃった。石橋君、人を喜ばした分ね、石橋君に幸せ来るからね」って言ったんですね。

そしたら、石橋君が、

「ほんとですか？」って、にこって笑ったんですよ。

その笑顔がね、またとっても良かったんです。

三十二歳の男性の人なんですけど、ちょっと和風の感じの人でね。

その人がね、すごい爽やかに笑ったんで、みんなが「いいじゃん、その笑顔いいよ」って、また拍手が湧いたんですよ。

それで、「石橋君、私たちまた嬉しくなっちゃった。その分ね、幸せ来るよ」って言ったんです。

そしたら石橋君が、「ほんとですか?」って、にこっと笑って、「自分を許します、自分を許します、自分を許します」

はっきりと何回も言ったんです。(拍手)

それっきり、彼は天国言葉になったんです。

そしてね。その日、無事に、宴会も終わりましたので、帰りがけに石橋君に私、聞いてみました。

「石橋君、今日はちょっとでも幸せになったかな?」

そしたら、石橋君がね、こう言ったんです。

「いいえ、ちょっとじゃなくって、すっげえ幸せになりました」って言ってね。（拍手）ありがとうございます。

ぎゅっとね、私の手を握って、その日は帰ってくれたんですね。

ああ、良かったあと思ってね。それから一カ月ぐらい経って、また、「寺子屋講演会」があったんです。

彼、どうしてるかなあ、と思っていたら、一番前の席に座っていました。

ああ、良かった。生きてたあと思いました。（笑）

しかも、みんなの話を「うん、うん、うん」ってにこにこして聞いていて、ものすごい元気そうな顔でね、来てたの。

ああ良かった。ほんとに思いました。

そして、無事にまた寺子屋講演会も終わりまして、また、二次会があったんです。

そしたら、石橋君も「自分も行きます」って言うんですよ。

「あ、行くの？　一緒に行こう」と言ったんです。

で、頼んだ注文に驚きました。

「生ビールをください」って言ったんですよ。

えーっ、ですよね。

「だめじゃない、肝臓悪いんだし」って言ったら、

「いいえ、調子いいんですよ」

「大丈夫なの？」

「はい」と酎ハイとかも頼むんですね。

「えーっ」

その後、お通しが出てきたら、バクバク食べるの。

「えっ、食べ物だめだったでしょう？」

「うまいですね、うまいですねえ」

いろんなおつまみが出てくるじゃないですか。

何でも、いろんなの食べるんですよ。パクパク、ほんとによく食べたの。

「えっ、大丈夫なの？　だめだったんじゃないの？」って言ったら、

「いいえ、ほんと調子いいんです。うまいですね、うまいですね」
たまに「許します」って言うんですね。(笑)
ほんとに、毎月毎月ね、「寺子屋講演会」に来てくれるようになって、毎回毎回どんどん元気になって、今はもう「許します」の広告塔というかな、人気者なんですよ。

それで今日は、皆さんに、ちょっと一緒に「自分を許します」っていうのを言ってもらいたいな、と思って来ました。

というのは、今のお話を聞いて、「え？　なんで、自分を許しますって言えないの？」って思った人は、たぶん幸せな人だと思います。

この中で、「自分も言いたくないなあ、自分を許せないなあ」、「ああ、言いたくない」っていう人、いるかもしれません。
いろんなところを回って、ほんとに言えない人が、何人もいたんです。
でもね、「自分を許します」って言うと、何かが変わるの。

それで、今日はね、余裕で言える人も、ほんとはちょっと言いたくない人も、みんなで、一緒に「自分を許します」と勇気を出して言っちゃってください。

三回いきます。お願いします。
「自分を許します」セーノ。

（会場皆で）「自分を許します」「自分を許します」「自分を許します」

えーと、非常に残念なんですけれども、はっきりと口一文字の方、見つけてしまいました。

あははは。絶対言ってなかったよねって人、見つけちゃったんですよね。

そして、なかにはですね、違う言葉を言ってる、って人も。

もごもご、って言う人いるんですね。

それと、ちょっと高度な技がありまして、口パクっていう手があるんですよ。

それは私には見破れないんで、皆様、隣の人が、隣の人の声を聞いていてほしいんですね。

私は口元見てますんで。

はい、今ですね、言えなかった人、おうちに帰って言えるってこと、まずないです。

なぜか自分が言えないと、お子さんとか家族とか、なぜか言えない人が周りにいるんです。

そして、幸せになれないんですね。ですから、ここで言っちゃってください。

もう、今言うしかありません。

じゃ、おっきい声でお願いしますね。

三回、やります。

言ってなかった方、あとで一人でやってもらいますので、はい、お願いいたします。

はい、三回いきますよ。セーノ。

「自分を許します」「自分を許します」「自分を許します」

はい、ありがとうございます。

（拍手）

二つ目いきます。

「自分は余裕で許せますよ。でもあいつだけは許せない」

全然構いません。思ってなくて結構です。「人も許します」

言っちゃってください。

じゃ、三回いきます、セーノ。

「人も許します」「人も許します」「人も許します」

ありがとうございます。

（拍手）

はい、三つ目です。

自分を許せない人には、特徴があるんです。

っていうのは、なぜか自分を好きじゃないんですね。

自分を嫌いなんです。

それで、先日ですね。つい最近、私、石橋君に聞いてみました。

「石橋君、自分のこと好き？」

なんて言ったと思いますか？

こう言いました。
「愛おしいほど大好きです」手振り付きでした。（笑）

はい、そしてその後、こういうふうに言ってくれました。
「自分はね、ほんとに言いたくなかったんです。
ほんとに、やっと絞り出すように言ったんです。
でも、言ってるだけで、何か心の中で溶けてきたんです。
そしていつしか、許せる自分がいました。
今ではね、自分にとって、一番何かしてくれるのは自分なんだ、って
ことに気がついたんです。
そして、生まれてはじめて、両親に感謝の気持ちが持てました」と言

ってくれました。

（拍手）

ありがとうございます。

それでは皆さん、もちろんいきます。

手振り付きで。これは、手振り付きなのでやってないと、非常に私に、わかりやすいんで。

もちろん、やっていただけない方、あとで一人でやっていただきますので、ぜひよろしくお願いいたします。

隣の方は、声の方をどうぞ聞いてててくださいね。

はい、それではいきます。三回手振り付きでお願いいたします。
「自分が大好きです」はい、じゃ三回いきます。セーノ。
「自分が大好きです」「自分が大好きです」「自分が大好きです」

（拍手）

皆さん、素晴らしいです。

とってもかわいい笑顔でした。

はい、はい、今ね、皆さん、言えてたかなあ、なんて思うんですけれども。もし、今ね、「自分を許します」とか、「自分が大好き」って言えなかった方、いたかもしれません。

でも、だいじょうぶです。

今日は、皆さんに素敵なプレゼントを用意してきました。

これは、一人さんが実際に書いてくれたものです。後でね、皆さんも帰りにいただけると思いますので、ちょっと読みますね。

「愛しています、ついてる、うれしい、楽しい、感謝してます、幸せ、ありがとう、許します、一日四十九回以上言うと、不思議と人生良くなるよ　一人」

これです。

（拍手）

これをですね、是非コピー取ったりしてね。壁とかに貼ってくださいね。

毎日、これを見るたびにね、読んで唱えてください。

そうしているうちに、いつしか許せる自分、大好きな自分に出会える
と思います。
皆さんが大好きです。
今日は、ありがとうございました。

（拍手）

はなゑ先生、ありがとうございました。
もう一度、大きな拍手をお願いいたします。

一人さんのお話

さて、皆さん大変にお待たせいたしました。
最後を飾ってくださるのは、もちろん斎藤一人さんです。
大きな拍手でお迎えください。
（拍手）

えー、本日はありがとうございます。
（拍手）
今聞いていて、私のお弟子さんの話、ほんとに最高でした。
えー、嬉しいです。
（拍手）
私は普段は講演会はやらないんです。

（子供の声）

ありがとうございます。

最近ファン層が拡がってきました。

やらないにはやらないだけの訳があるよと～（子供の声）

なんか子供のファンがすごく多くて～

（会場笑い）

今回、千葉さんが本出しました。

それで、「一人さん、ちょっと来てください。ちょっとだけ話してください」って私、岐阜まで呼ばれました。

えー、危ないな、昔同じような手、食ったことあるな。

岐阜へ行ったら、隣の県まで来てくださいい、近くまで来たんだから、

隣まで、隣まで、って私は鹿児島まで連れて行かれました。（笑）
えー、それはそれでいいんです。
今日もそうなんですけど、どこの会場でも、一番最初に言われる言葉があります。
それが、「一人さん、入場料三百円ください」です。（笑）
私は三百円払って、しゃべってるんです。
（笑いと拍手）
ちなみに、ほんとに電車賃からホテル代、扇風機は私持ってきました。
いいんです。言えば気が済みますから。言えば気が済みます。（笑）
今ね、全国的に「寺子屋講演会」やってます。

「一人さん、何したいんですか?」って言う人がいるんですけど、私、別に何もしたくないんです。

ほんとにね、私、人の話聞くのが好きなんです。

特に、普通の人の話っていうのは、ものすごく役に立つ宝の山みたいなんです。

通常、講演会っていうのは、特別な人がするんですけど、実は特別な人の話って、役に立たないんです。

なぜかっていうと、特別だからなんです。

そこへいくとね。普通の人の話っていうのは、普通の人がすぐ役に立つ話ばっかりなんです。

例えばなんですけど。

特別な話っていうと、日本は日露戦争ってのをやったんです。明治時代ですよね。もちろん、参加した方もこの中におられると思うんです。（笑）

いないね。

日本海海戦というのもありました。

世界の歴史に残るような戦いが、日本海で行われたことがあります。敵の艦隊はね、バルチック艦隊っていうの。それを迎え撃ったのが日本の連合艦隊なんですけど、隊長が東郷平八郎さん。あの人に、「すみません、ここへ来てちょっと話してください」って言うと、そりゃもう気さくな方ですから、「いいよ、ここで話せばいいんだね」ってやってくれます。（笑）

「えー、敵のバルチック艦隊はまっすぐ攻めてきた。我が軍は真横にな
った。そして、敵をせん滅させた」
「そうかあ」といくら感心して家に帰っても、家に戦艦があるわけじゃ
ないし、家で待ってるのは、ロシア軍より強い奥さんだったりして（笑）。
だからね、だいたい、特別の人の話って役に立たないんだよ。

そこへいくとですね、普通の人の話って違うんです。
私ね、鬱病だったんですよ。それがこんなことしたら治っちゃった。
例えば今、年間三万人ぐらいの方が自殺してるんです。
皆さんは、生きてるってことは、どうやったら自殺しないでいられる
か、ほんとは知ってるんです。

いろんな方が講演会に来て、話してくれます。

例えばなんですけど、

「ほんとに私辛くて、自殺しようと思ったんです。

ほんとに辛かったんです。

私は舌を噛んで死のうと思ったんですけど、ちょうどその日、口内炎ができてたんで、諦めました」(笑)

とかっていう、手に汗握るようなすごい話が聞けます。(笑)

どこの県でも、月に一回くらい「寺子屋講演会」をやってますから、来て、聞いてください。

そして、この程度の話なら私もできるっていう人、話してください。

三百円払って話してください。

そうすると、私の気持ちがわかります。（笑）

ただ今から、講演会が始まります。

（拍手）

不幸は勘違いから始まる

えー、「不幸は勘違いから始まる」っていう話をします。

私、東京の新小岩という所に、一人さんファンの集まる店、通称「ついてる神社」っていうのやってるんだけど、知ってる人いるかな？

こんなにいて、ありがとうございます。

行ったことある人？　こんなにいてくれて、ありがとうございます。

行った人ならご存じだと思うんですけど、伊勢神宮がちょっとちっちゃくなったっていう、そんな感じの神社です。（笑）

そこの周りにみんな腰掛けて、全国から来た人と、一人さんの話したり、テープを聞いたり、そんなことしてます。

えー、入場無料です。

お茶菓子代、私が出してます。（笑）

そこにちっちゃい神社があります。

ほんとにちっちゃい神社なんですけど、ジョークで造ったもんですから、「お賽銭はいらないけど、御利益がありません」っていう紙が貼ってあります。

紙の方が神社よりでかいです。（笑）

えー、不幸は勘違いから、っていう話なんだけど、「御利益がありません」て書いてあるのに、そこにお参りして、お茶の水女子大学を受けて、受かった人がいるんです。

それで、お母さんとわざわざお礼に来てくれました。あれは間違いなくその子の実力です。

うちの神社をお参りして受かった人は、間違いなく自分の実力ですから、自信をもって生きてください。(笑)

今日の話は、それじゃないんです。

えー、不幸な人はね、誰か許せないんです。

誰か許せないか、自分が許せない。

それで、「許せない状態のままでは幸せってなれないんだよ。ね、だからもう許してやんな」って言うと、「えっ、許せないんです」

「もういいじゃないか、許してやんな」って言うと、

「でもね、一人さん、あの人私にね、こんなことしたんです。こんなことを言ったんです、だから私許せないんです。あの人のこと考えると、夜も寝られなくなっちゃうんです。ご飯も食べれなくなっちゃうんです。だから、私許せないんです」

ああそう、はっきり言うよ、相手は寝てるよ。

（笑いと拍手）

自分のね、魂のステージ上げて、とかね、心を広くして人を許そうとか言ってるんじゃないの。

あなたにね、傷つけるようなこと言ったような人間って、どこでもや

ってんの。そういうことしか言えないの。そういう性格なの。

ほんとにね、自分がそういうふうに生まれなかっただけで、ありがたいなあ、と思うしかないんです。

そういう人間、あっちでもこっちでもそういうこと言ってるからね。

あの人、私にこんなこと言ったのに、謝りにも来ない。

来ないよ、覚えてないんだから。（笑）

人間ってね、自分のこと悪いと思わない習性がある。

まったくあの人、悪いんだから、みんなもこうやって言ってるよ、って言っても、当人はなんて言ってるかというと、当人は「だめだよ、俺も人が良くて～」（笑）

だから、やめな。三年許せないんです。五年許せないんです。
許せないってことは、そのいやな人のこと考えてるんだよね。
なんで、嫌いな人に自分の大切な時間を捧げる必要あるんですか？
三年許せません。五年許せません。十年許せません。ね、許せない、
許せない、って言いながら、自分の大切な時間を、なぜその人に捧げるんですか？　ほんとは愛してるんでしょ。（笑）
大切な時間を捧げながら、嫌って嫌って嫌って、呪って呪って呪って、
ほんとに呪っちゃう人いるんです。
「一人さん、ずっと呪ったら、呪いって効果があるんですか？」って言う人いるんです。
残念だけど、呪いは効かないよ。ほんとに毎日毎日毎日、相手を呪っ

て、相手にこの呪いが届くまでに、実は百年かかるんです。

それで……「のろい」っていうんですよ。

（笑いと拍手）


人生ってね、公園散歩してるようなものなの。

ああ、公園散歩してて、きれいな花壇があるな。こっちの花きれいだな。こっちの花もきれいだな。あっ、犬の糞があった。

今日は、あえて「くそ」という言葉を使います。

えー、犬の糞があった。

でも十年の間には、あなたに親切にしてくれた人もいたはずだよね。

あなたに優しくしてくれた人もいたはずだよね。

それなのに、そういうことは一切忘れちゃって、この犬の糞のことだけを、ずうっと考えて、あのうんこ、こういう色してたのよ、ね。こういう形だったのよ。色、つや、形、詳しく説明されても、聞いている人も辛いんです。

だから、やめよう。大切な時間を嫌いな人間に捧げるの、よそう。

自分に優しくしてくれた人に捧げよう、ただそれだけです。

あと、自分が嫌いな人がいます。

好きになんな。

「だめなんです。私こういうことがあります。

親にもこう言われました。学校の先生にもこう言われました。先輩からもこう言われました。

私ってだらしないとこがあったり、だめなとこがあるんです。

だから、自分をね、好きになれないんです」

あー、この人も勘違いしてる。

人間て、しっかりした生き物じゃない。うっかりした生き物なんですね。(笑)

だからしっかりしようと思ってもできないの。

あなたに細かく注意してくれたお母さんも、実はたいしたことないんです。

いろいろ言ってくれた学校の先生もそうです。

私たちもそうです、先輩やなんかもそうです。

得意げに叱ってくれたけど、苦手なことやらせると逃げちゃうんです。

みんなそんなもんだよ。

だから自分を好きになんな。

隣のおじさん嫌いでもいいです。引っ越せますから。

自分が嫌いだと、引っ越すことできないんです。

でも、ほんとに困った時、ほんとに辛い時に、自分を助けてくれる人って、自分しかいないんですよ。


冬の寒い朝です。

眠くて眠くて仕方がない時、あなたの代わりにおしっこに行ってくれる人がいますか？（笑）

最後の最後に頼れるのは、自分ですよ。

（拍手）

だから、自分を大切にしてあげてください。

以上です。

（拍手）

母の教え

えー、続いて、「母の教え」という話をします。

これはうちのお母さんが、私に教えてくれたことです。

皆さんの役に立つかどうかはわからないけど、ああ、一人さんってこんな家庭に育ったんだ、こういう環境だったんだな、っていうことが、ちょっとわかってくれると嬉しいです。

実は私中学校しか出ていないんです。

誰も知らないと思うんですけど、全員知ってますね（笑）。本読んでるからね。そうですね、わかりました。えー、わかりました。

もしかしたら、知ってんじゃないかな、と思いました。（笑）

もう少しほんとのこと言うと、実は私、中学校もろくに行ってないんです。

それも知ってました？

（笑）

やりづらいなあ、今日は〜。

知らない人はですね、「一人さん、学校嫌いなんですか？」って言う人がいるんですけど、実は私は学校が大好きでした。

ただ、起きると昼でした。

（笑）

目が覚めると、私はすぐ学校に行きます。

いい子はみんなそうです。

そうすると、学校でみんな集まってきて、わーっと盛り上がると、えー、私は帰ります。

遅れて行った分を早引きで取り戻すという、非常にバランス感覚の優れた生徒でした。（笑）

母は私のこと怒らない人だったの。それで、私のこと、ちょっと恥ずかしいんですど、「僕ちゃん」って呼んでいたんです。

（笑）

「僕ちゃんねえ、僕ちゃんぐらい、学校に向かない子って珍しいよね。

ね、僕ちゃんは学校に向かないから、社会向きなんだよ。

だから、社会に出たら必ず出世するよ。人間は神様が作ってくれたものだからね。

なんにも向かない人っていないんだよ。

だって僕ちゃんぐらい、学校に向かない人って珍しいもんね。（笑）

お母さん、僕ちゃんが社会に出るの楽しみにしてるよ」

ほんとにこんなこと言って、育ててくれました。

母はね、私のことを商人（あきんど）にしたかったらしいの。

私、本ばっかし読んでたもんだから、母が「僕ちゃんね、将来何になりたい？」って聞かれたことがあるんですけど、「僕、考古学者になりたい。お母さんね、僕、考古学者になりたいんだ」って言ったらね、うちの母がね、こう言うんです。

「お前、それはいいねえ」こういうしゃべり方してるの。

「お前、それはいいねえ」って、その後なんです。

その後、素晴らしいこと言ってくれました。

「でもさ、どんな発見しても、しょせん過ぎたことだからね」

（笑）

えー、あれでやる気をぐっとなくしました。

（笑）

この中で、考古学やっている人いたら、すみません。

えー、母は大人だからね。私が学校も行かないでね、学者になれるとは思ってないのね。だから、やんわりと方向転換させてくれたと思うんです。

今考えると、親ってありがたいことばっかしです。

えー、そんな明るい学生生活を送っているうちにですね、私は卒業式を迎えました。

あの日は非常に嬉しかったです。

私は、卒業式の日にいろんなこと考えました。

あー、義務教育は終わった、国民の義務は立派に果たしたんだ。（笑）

そんなこと考えて、社会に出て行きました。

その時、母が私にはなむけの言葉をくれました。

私、なんにもしたことないから、特技がなかったんです。

そしたら、母が「僕ちゃんね、僕ちゃんすごい得してることあるんだよ。わかるかい？」って言うから、「わかんない」って言ったら、

「僕ちゃん特技ないでしょ。特技がないから得なんだよ。なまじ特技があるとね、それを活かそうと人間てしちゃうからね。やれることが狭くなっちゃうんだよ。僕ちゃんは特技がないから、なんでもできるんだよ。だから、僕ちゃんは、時代に合ったこと、いつもしてなさい。そしたら、絶対困ることないからね」

えー、そうやって、社会に送り出してくれました。

そんなことしてるうちに、私のお弟子さんになりたいって十人の人が現れて、非常に変わった人だと思ってます。(笑)

えー、信《のぶ》ちゃんのことをうちのお袋だったら、どうやって褒めるだろう、特技がない私を、ああやって褒めてくれた。

もちろん特技があったら、うちの母って別の褒め方をしてくれたんです。

真由美ちゃんのことを、うちのお母さんならどうやって褒めるだろう。

忠夫ちゃんのこと、どうやって褒めるだろう。

はなゑちゃんのこと、どうやって褒めるだろう。

純ちゃんのこと、どうやって褒めるだろう。

お袋だったら、どうやって褒めるかなあ、お袋だったら、どうやって褒めるかなあ、って考えながら、一人ずつ褒めてたら、一人ずつ素晴らしい本が出せるようになって、さっきも素晴らしい講演、ありがとうございました。

えー、人を褒めることの大切さを教えてくれた母に、わたしは感謝してます。

ありがとうございます。

（拍手）

幸せの道

えー、これが最後になります。

この話で最後です。

「幸せの道」という話をします。

（拍手）

この「幸せの道」という話は、「斎藤一人さんの信じなくていいですよ」シリーズというのがあります。

第二弾目です。（笑）

この話を聞いて、信じられない人は非常に普通の方です。

時々、

「一人さんさァ、幸せになりたいんだけど、幸せになる方法教えてくれますか？」

って言う人がいるんです。

「いいよォ。『幸せ』って言いな」

これだけなんですけれど。

（笑）

じゃ、今日は特別に、もう少し詳しく話させていただきます。

「幸せ」って言うと、なぜ幸せになるか、特別です。

私だいたい、聞かれてほんとの答え言うのに、二十年後とか決めてるんですけど。(笑) 今日はね、特別話します。

聞けば聞くほど、信じられない話です。

幸せだって言うと、守護霊様が喜んでくれるんです。

「あーそうか、お前幸せか、俺が付いてるからだよ」なんて言って喜びます。

ご先祖様もね、幸せだって言うと、ご先祖様も喜んでくれるんです。

「そうか、お前、幸せか。俺たちもな、いろいろあったけど、命ずっと繋いできたからね。お前にそうやって言われると、俺たちも嬉しいよ」

なんて言って、ご先祖様が喜びます。

「あー、幸せだ」って言うと、神様が喜びます。

「そうか、よかった、よかった。お前、幸せでよかったな」って、神様が喜んでくれます。

「地球に生まれて幸せ」って言うと、地球が喜んでくれます。

「そうか、幸せか。もしお前、俺がいなかったら、お前、おっこっちゃうんだぞ」いろんなこと言って喜んでくれます。（笑）

「日本に生まれて幸せ」って言うと、日本が喜びます。

「この会社に入れて幸せです」って言うと、社長が喜んでくれます。

「みんなと働けて幸せ」って言うと、同僚が喜んでくれます。

これは、ものすごく難しいのはわかってますけど、家に帰って、「あなたと結婚できて幸せ」って言うと、旦那さんが喜んでくれます。

これはほんとに難しい技です。（笑）

「お前みたいないい子ができて、幸せだよ」って言うと、子供が喜んでくれるんです。

で、周りじゅうが喜んだら、ほんとに幸せなんだよ。それだけなんですけど、今日はもう少し話しますね。

（拍手）

無理に幸せと思え、って言ってるんじゃないよ。

不幸な人の特徴があります。

例えば飲みに行きます。

えー、飲みながら、国が悪いんだよ、政治家が悪いんだよ、官僚が悪いんだ、社長が悪いんだ、あいつが悪いんだ、こいつが悪いんだ、よーく聞いてると、自分以外全員悪いです。

（笑）

そりゃあ大変だよね、あなた以外全員悪いんだもんね。悪い奴に囲まれて生きてるんだもんね、わかるよ。うんうん、わかるわかる。

ところでさ、国が悪いとか、政治が悪いとか言ってると、逮捕されて拷問される国っていっぱいあるんだよ。

日本って平気で言えるの。言えるだけ幸せな国なの。

「最近、私のこのお腹に肉が付いちゃってさ」(笑)
今、世界中で一年間に二百万人餓死してるって言われてるの。
その中で、余分に肉が付くほど、ご飯が食べられたっていうのは、幸せなんだよ。

病気が治らない人の特徴があります。

「元気になった?」

「まだここがちょっと…」

いっつも最高に元気だった時のこと、そのことばっかし考えてる。

ところが治る人は違うの。

「元気になった?」

「お陰様でね、前は痛くて三時間しか寝られなかったのが、今、五時間寝られるようになりました」

最高に悪かった時のこと考えて、ちょっと良くなった、ちょっと良くなったって感謝している人は、どんどん良くなってきます。

今日、家に帰って、具合の悪い人がいたら、聞いてみてください。

「良くなった？」

「まだ、ここが」（笑）

ところでね、「幸せの道」っていう話なんだけど、

「幸せの道」ってどこにあるんですか？

って聞く人がいるんですけど、そんなもんないんです。

非常に残念です。(笑)

人生って、草原と同じです。

私、芸術家になりたい。芸術家だっていろんな芸術家がいます。

私、サラリーマンになりたい、商人(あきんど)になりたい、私、役人になりたい、いろんな人がいます。

みんな自分の好きな道を歩きます。


その道を、今日の朝、目が覚めて幸せ、ご飯が食べられて幸せ、みんなといられて幸せ。幸せだ、幸せだと言いながら、歩いた人の後ろに、幸せの道ができてます。

（拍手）

不平とか、不満とか、愚痴とか、泣き言とか言いながら、歩いた人の後ろに、不幸の道ができてます。

遠くに幸せを求めないでください。

遠くに幸せを求めると、ほとんどの人が行き着きません。

苦しくなるだけです。

それより、今の自分の幸せに気がついてください。

ご飯が食べれて幸せ、花が見れて幸せ。

どうしても幸せと思えない人は、一分だけ息止めてください。

一分後に必ず「息が吸えて幸せ」。

（笑）

幸せだ、幸せだって言いながら歩いたこの幸せの道は、必ず成功の道に繋がってます。

本日は、どうもありがとうございました。

（拍手）

いつも斎藤一人・もうひと花

はい、皆さん、こんにちは。

「幸せの道」の講演はいかがでしたか？

ほんとに、お弟子さんたちの話って、いい話ですよね。

それと、この本のために、色紙を二枚書きました。

一枚が「いつも斎藤一人」、それから「もうひと花」っていう色紙なんですけど。

この「いつも斎藤一人」っていう色紙見た人は、みんなびっくりして、

「なんですか、この『いつも斎藤一人』って」と言うんですけど。

これ、こういうわけだよ、って。

えー、人間だからね。かっこいい時もあります。で、かっこいい時も、「斎藤一人」です。だけど、かっこ悪い時もあります。いつも笑顔でいようと思ってるのに、笑顔にみえなくて、ちょっと引きつっちゃう時もあります。

かっこよく決めたいのに、ずっこけちゃうこともあります。で、そういう時も、「斎藤一人」です。

人間て、自分にしかなれないんです。

時々ね、なんかに、自分の名前書いてみる。

「いつも遠藤忠夫」とか、「いつも柴村恵美子」とか、自分の名前書いてみると、俺もいつもずーっとがんばってるよな、って。生まれてからずーっと「斎藤一人」やってんだよな、とかね。えらいよなあ、とか。

だから、かっこいい時もあれば、かっこ悪い時もあるよなあ、って。

なんか許せたり。

それから、あいつ、「いつも遠藤忠夫」ずーっとやってるんだよな、とか、人のことも見れたりね。

えー、いいもんです。ほんとにへたな字なんですけど、このへたくそな字も、「いつも斎藤一人」なんです。

人って、人に憧れても、人にはなれないんです。この自分と仲良くしていくしかないんです。

ある時は許したりね。ある時は自分をはげましたり、がんばろうって言ったり。今日はもういいよ、お前、休めよって自分に言ったりしながらね。

ほんとに、いつもいつも寄り添って自分と歩いていくしかないんです。もう、誰もみんなそうなんです。みんな、いとおしい存在です。


もう一つ、「もうひと花」っていう色紙書いたんですけど。

この二つ、本に載ってますからね、見てください。

「もうひと花」ってなんだろう。

人生の花って、楽しいことだよね。

楽しいことって、なんかおいしいもの食べても楽しいしさ、恋しても楽しいし、旅行行っても楽しいし、道歩いててさ、タンポポ見ても楽しいし。今日は友だちと会えるんだって、楽しいし。コーヒー一杯飲んでもね、おいしいねえって言いながら飲むと楽しいしね。

ほんとに、まあ、究極になると、朝目覚めたんだ、とかね。ご飯が三度食えたんだ、とか、これはもう達人技だけどね。

一つひとつに、「もうひと花」「もうひと花」って咲かせると、人生ってすごく楽しくなるんだよね。

世間の人って、楽しいこととか、もうひと花とか言うと、事業成功させてとか、ものすごい大輪の花とか思うけど、ここに書いてある「もうひと花」というのは、日本人が大好きな桜の花を想像してほしいの。

桜の花って、大木になったからっていっても、花ってちっちゃいんだよ。何年生きてても、ちっちゃい花なの。

それが、ひと花、ふた花、咲いて、だんだんだんだん、満開になるんだよね。それがきれいに咲いてさ、思い出話するようにふぁーっとね、散っていって、散る姿もきれいなの。

で、翌年になってくると、またね、去年の花なんか咲かないよ。今年は今年の花で、ポッポポッポポッ咲くの。小さい花がいっぱい咲くんだよね。ピンクの花がいっぱい咲いて、満開になるんだよね。

だから私たちも、ちっちゃい花、今日いくつ花咲かせられるだろう。
ご飯食べて幸せだねえとか、生きてて幸せだねえとか、ほんとにうれし
いねえとか、空青いねえとか、鳥飛んでるねえとか、花をぼんぼんぼん
ぼん、いっぱい咲かせるのね。
それで、いつもいつもこういう花を咲かせてる人が、若いよね、って。
だって、花咲いてるんだもん。
いつも青春だよね、って。
いつも春だよね。
それ、年に関係ないよ。

「いつも斎藤一人」なんだ。「いつも柴村恵美子」なんだ。みんな一

人ひとり自分の人生があるけど、その人生で自分というものを見失わないで、自分をはげましながら、この人生のなかで、一つ花咲いた、二つ花咲いた、今日はいくつ花咲いたって、満開になって、ふぁーっと桜吹雪のように散って、そしてまた次の花を一つひとつ咲かせる。そんなつもりで、この色紙書きました。

それでこのテープ入れてます。

これは、最後までこの本を読んでくれた人に、私からのプレゼントです。

皆さん、どうもありがとうございました。

そしてね。最後に、この「もうひと花」というのをイメージして、桜の花をイメージして、「仁義」という詩をつくりました。

この「仁義」というのを、「仁義の会」の会長をやってもらってる宮本真由美さんに吟じてもらいます。

ほんとに、心からの叫びです。みんなの中に一人ずつある、命の炎が燃えて、はじけて、砕けて、そしてまた燃え上がる、その姿を歌った詩です。

みんなの心に響くと思います。ぜひ聴いてください。

仁義

たった一度の人生を
世間の顔色うかがって
やりたいこともやらないで
死んでいく身の口惜《くちお》しさ
どうせもらった命なら
ひと花咲かせて散っていく
桜の花のいさぎよさ

一度散っても翌年《よくとし》に
みごとに咲いて満開の
花の命の素晴しさ
ひと花どころか百花《ひゃくはな》も
咲いて咲いて咲きまくる
上で見ている神さまよ
私のみごとな生《い》きざまを
すみからすみまでごらんあれ

作／斎藤一人

斎藤一人さんの公式ホームページ

http://www.saitouhitori.jp/

一人さんが毎日あなたのために、ついてる言葉を、日替わりで載せてくれています。愛の詩も毎日更新されます。ときには、一人さんからのメッセージも入りますので、ぜひ、遊びにきてください。

お弟子さんたちの楽しい会

♥斎藤一人　大宇宙エネルギーの会 ― 会長　柴村恵美子

恵美子社長のブログ　http://ameblo.jp/tuiteru-emiko/

恵美子社長のツイッター　http://twitter.com/shibamura_emiko

PC　http://www.tuiteru-emi.jp/ue/

携帯　http://www.tuiteru-emi.jp/uei/

♥斎藤一人　感謝の会 ―――― 会長　遠藤忠夫

http://www.tadao-nobuyuki.com/

♥斎藤一人　天国言葉の会 ―― 会長　舛岡はなゑ

http://www.kirakira-tsuyakohanae.info/

♥斎藤一人　人の幸せを願う会 ―― 会長　宇野信行

http://www.tadao-nobuyuki.com/

♥斎藤一人　楽しい仁義の会 ―― 会長　宮本真由美

http://www.lovelymayumi.info/

♥斎藤一人　今日はいい日だの会 ― 会長　千葉純一

http://www.chibatai.jp/

♥斎藤一人　ほめ道 ―――― 家元　みっちゃん先生

http://www.hitorisantominnagaiku.info/

♥斎藤一人　今日一日奉仕のつもりで働く会 - 会長　芦川勝代

http://www.maachan.com

一人さんよりお知らせ

今度、私のお姉さんが千葉で「一人さんファンの集まるお店」（入場料500円）というのを始めました。

コーヒー無料でおかわり自由、おいしい“すいとん”も無料で食べられますよ。

もちろん、食べ物の持ち込みも歓迎ですよ。

みんなで楽しく、一日を過ごせるお店を目指しています。

とてもやさしいお姉さんですから、ぜひ、遊びに行って下さい。

行き方：JR千葉駅から総武本線・成東駅下車、徒歩7分
住所：千葉県山武市和田353-2　　**電話**：0475-82-4426
定休日：月・金
営業時間：午前10時～午後4時

一人さんファンの集まるお店

全国から一人さんファンの集まるお店があります。みんな一人さんの本の話をしたり、CDの話をしたりして楽しいときを過ごしています。近くまで来たら、ぜひ、遊びに来て下さい。ただし、申し訳ありませんが一人さんの本を読むか、CDを聞いてファンになった人しか入れません。

住所：東京都江戸川区松島3-6-2　　**電話**：03-3654-4949
営業時間：朝10時から夜6時まで。年中無休。

各地の一人さんスポット

ひとりさん観音：瑞宝山　総林寺
北海道河東郡上士幌町字上士幌東4線247番地　　☎01564-2-2523
ついてる鳥居：最上三十三観音第二番　山寺千手院
山形県山形市大字山寺4753　　☎023-695-2845

観音様までの楽しいマップ

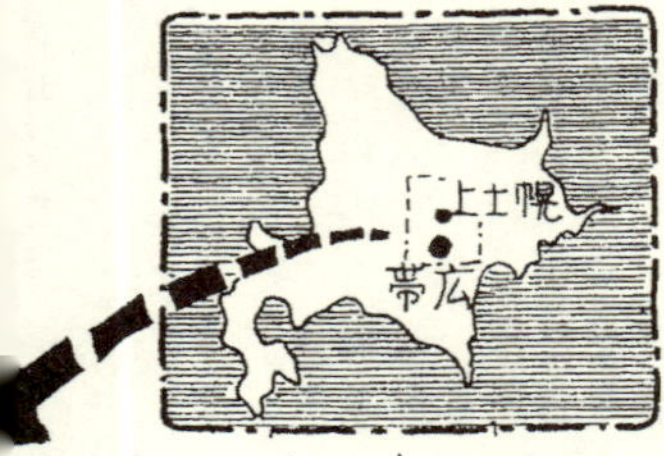

① 愛国←→幸福駅

『愛の国から幸福へ』この切符を手にすると幸せを手にするといわれスゴイ人気です。ここでとれるじゃがいも野菜・etcは幸せを呼ぶ食物かも!特にとうもろこしのとれる季節には、もぎたてをその場で茹でて売っていることもあり、あまりのおいしさに幸せを感じちゃいます。

② 十勝ワイン(池田駅)

ひとりさんは、ワイン通といわれています
そのひとりさんが大好きな十勝ワインを売っている十勝ワイン城があります
★十勝はあずきが有名で『赤い宝石』と呼ばれています。

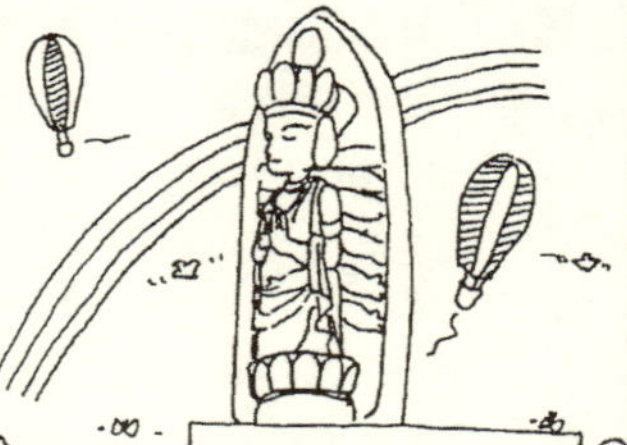

★ 観音様

ひとりさんの寄付により、夜になるとライトアップして、観音様がオレンジ色に浮かびあがり、幻想的です。

この観音様は、一人さんの弟子の1人である柴村恵美子さんが建立しました。

③ 上士幌

上士幌町は柴村恵美子が生まれた町。そしてバルーンの町で有名です。8月上旬になると、全国からバルーニストが大集合。様々な競技に腕を競い合います。体験試乗もできます。ひとりさんが安全に楽しく気球に乗れるようにと願いを込めて観音様の手に気球をのせています。

④ ナイタイ高原

ナイタイ高原は、日本一広く大きい牧場です。牛や馬、そして羊もたくさんいちゃうのヨ。そこから見渡す景色は雄大で感動!!の一言です。ひとりさんも好きなこの場所は行ってみる価値あり。

牧場の一番てっぺんにはロッジがあります(レストラン有)。そこで、ジンギスカン焼肉・バーベキューをしながらビールを飲むとオイシイヨ!とってもハッピーになれちゃいます。それにソフトクリームがメチャオイシイ。2ケはいけちゃいますヨ。

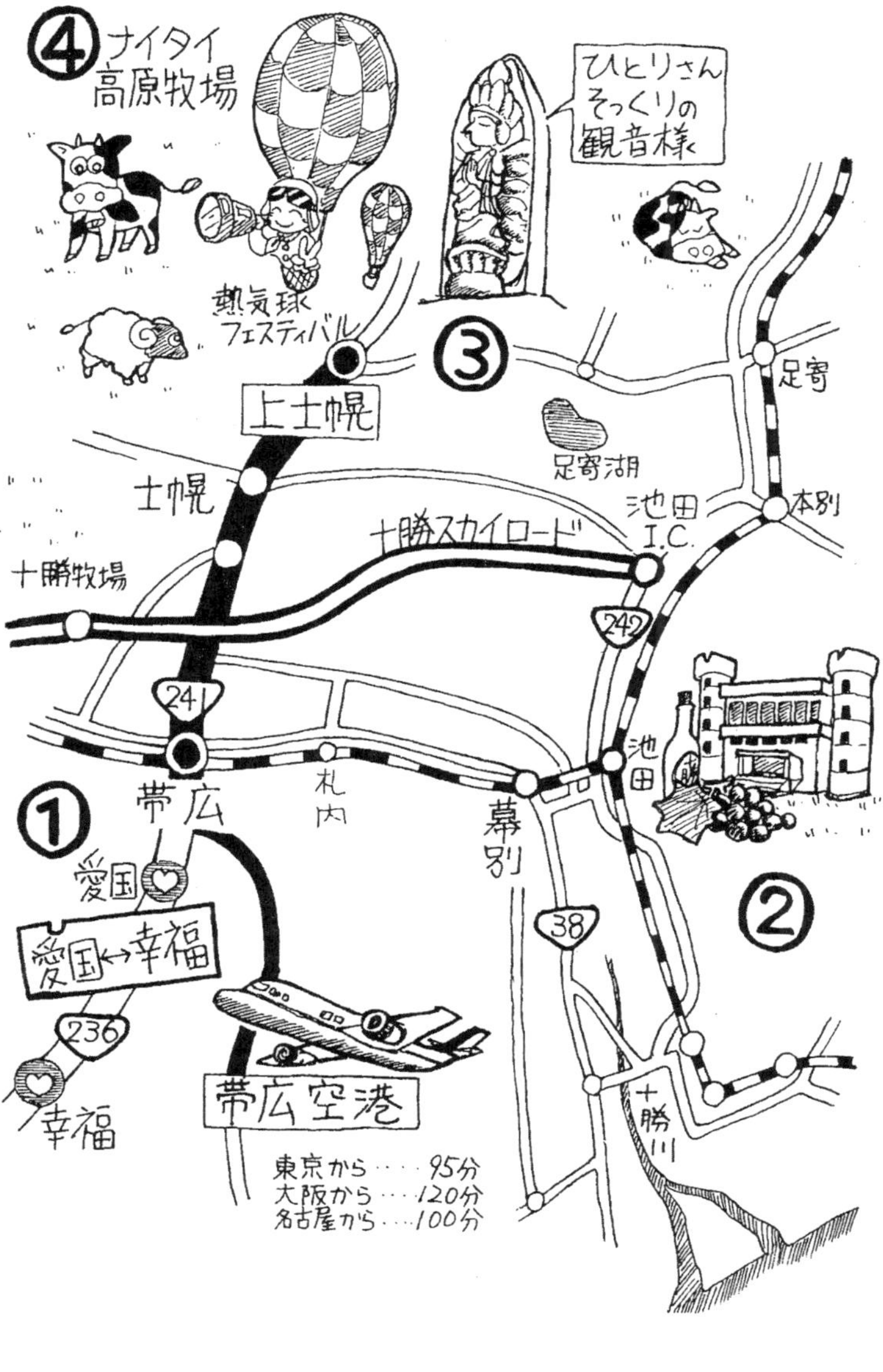
④ナイタイ高原牧場
ひとりさんそっくりの観音様
熱気球フェスティバル
③
上士幌
足寄
足寄湖
士幌
池田I.C.
本別
十勝スカイロード
十勝牧場
242
241
池田
帯広
札内
幕別
①
愛国
愛国↔幸福
②
38
236
幸福
帯広空港
十勝川
東京から……95分
大阪から……120分
名古屋から……100分

千葉県に ひとりさん観音が… できましたよ!!

合格祈願にぜひどうぞ!!

ひとりさんが親しくさせていただいている蔵元・寺田本家の中に、ご好意で『ひとりさん観音』をたててくれました。

朝8時から夕方5時までお参りできますよ。

近くまできたら、たずねて下さいね。

合格祈願・家内安全・良縁祈願・恋愛成就に最適ですよ。

お賽銭はいりませんよ。

住所：千葉県香取郡
神崎町神崎本宿
1964
電話：0478(72)2221

観音参りした人だけ買えるお酒〔4合びん／1522円（税込）〕です。

ひとりさんの楽しいドライブコース

成田インターでおりて

→(20分) 滑河観音 →(10分) 蔵元・寺田本家

→(5分) 喫茶「ゆうゆう」 →(20分) 香取神宮

→(5分) 香取インターで高速にのる

蔵元・寺田本家

- 成田インターから車で25分
- JR神崎駅から徒歩20分

喫茶「ゆうゆう」

住所：千葉県神崎町大貫131−3

電話：0478（72）3403

定休日：木曜日

『斎藤一人流　すべてうまくいくそうじ力』

舛岡はなゑ 著

（ＫＫロングセラーズ刊　一六〇〇円＋税）

いらないモノ、はなゑちゃん、山ほどためてるだろ。
それ全部、捨てな。
つべこべいってないで、とっとと捨てな、って――。
ちょっとでも捨てだすと、それだけでも
人生、違ってくるから。

斎藤一人

〈CD・DVD付〉

『斎藤一人　すべてがうまくいく上気元の魔法』

斎藤一人著

（ＫＫロングセラーズ刊　一五〇〇円＋税）

私は「上気元の奇跡」をずっと起こしてきたんです。
生涯納税額日本一になれたのも、いつも「上気元」でいたから
「上気元の奇跡」が起きたんだと思うんです。
私は、これからもずっと「上気元」でいます。
このことを知ってしまうと、もったいなくて、もう不機嫌にはなれません。

斎藤一人

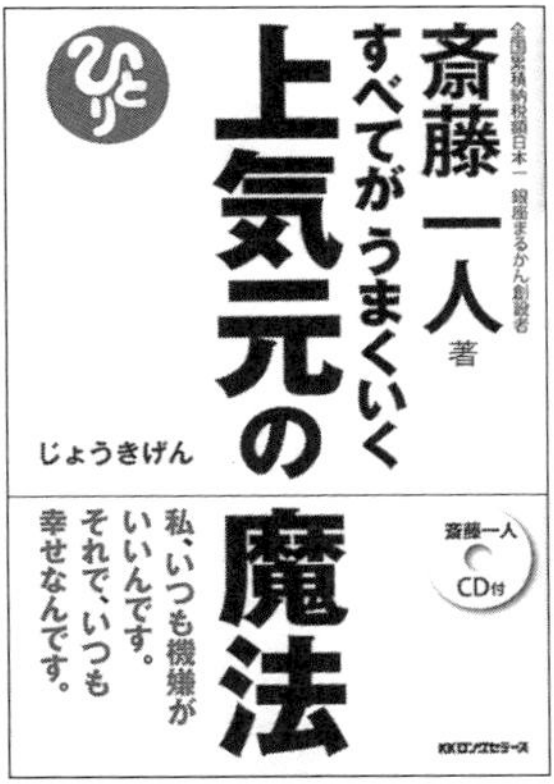

〈CD付〉

『斎藤一人　奇跡連発 百戦百勝』

（ＫＫロングセラーズ刊　一五〇〇円＋税）

舛岡はなゑ 著

わたしにとって一番の、最大の謎は、わが師匠・斎藤一人さん。

出会った当初から一人さんは不思議な人だったけれど、弟子になって長い間ずっとそばにいてもなお一人さんは謎のかたまりで、ホントにとっても不思議な人です。

それも、ただの不思議じゃない、そんじょそこらの代物とは全然まったく違う。

わたしは、そのことを、どうしてもいいたくて、いいたくて、しょうがありませんでした。

この際、思いっきり一人さんの不思議なことを書いちゃおう！

そう決定した次第です。

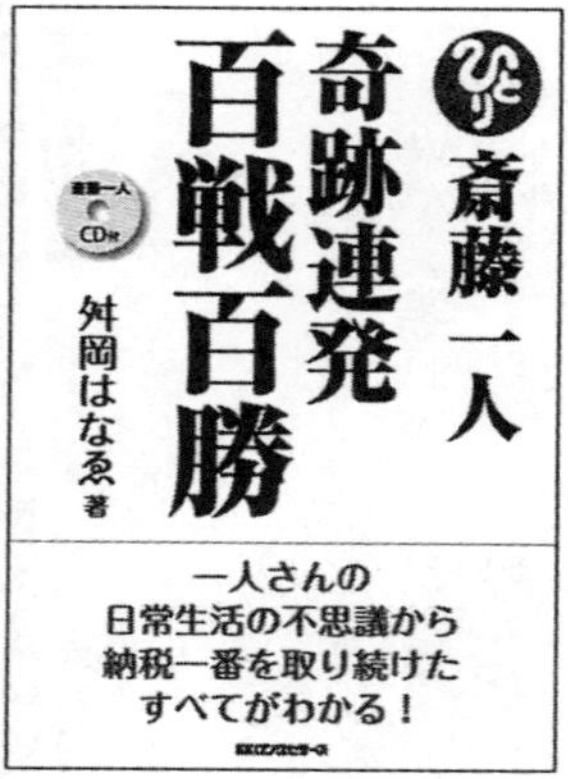

〈CD付〉

『斎藤一人　こんな簡単なことで最高の幸せがやってくる』

一人さんのお姉さん著

（ＫＫロングセラーズ刊　一四〇〇円＋税）

私は千葉の成東という町で、「一人さんファンの集まる店」を始めました。

いま、私は、いままでの人生の中で、最高に幸せです。

毎日、たくさんの人とお話したり、笑ったり。

お店に来てくださる方々から、

「一人さんって子どもの頃、どんなお子さんだったのですか?」

「お姉さんは、いままでどんな人生を歩んできたんですか?」

と質問されることがよくありました。

そこで、私なりに、いままでの人生をふりかえってみようと思いました。

この本を書くことで、我が弟、斎藤一人さんと、私の歩んできた人生を、少しでも伝えられたら嬉しいです。

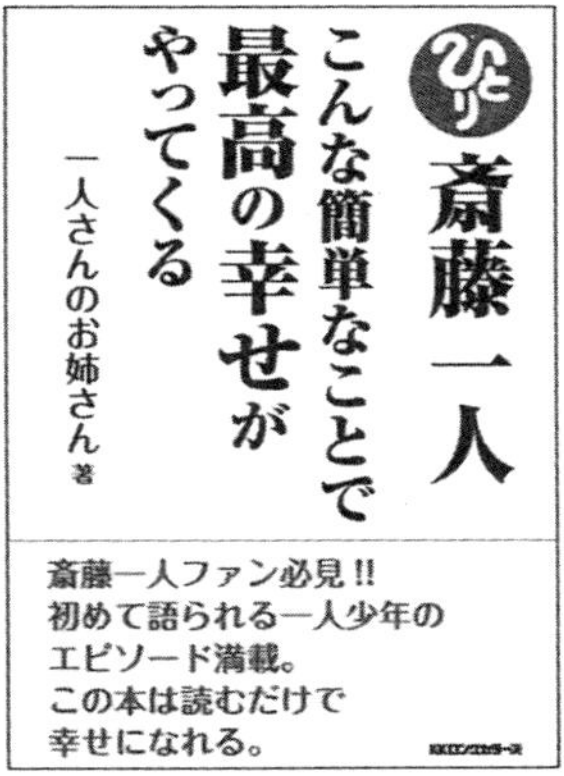

『斎藤一人　成功脳』

（KKロングセラーズ刊　一四〇〇円＋税）

斎藤一人著

本来、自分に自信のない人は、

「オレにはできないけど、脳にはできる！」

そう言っていればいいんです。

一人さんのお弟子さんたちも、最初はみんなね、「私たち、社長になれるかしら？」って言ってたんです。

だからオレは、

「なれる。あなたにはできないけど、あなたの脳にはできる！」

そう言ってたら、ホントに全員社長になれました。

だからね、何か商売していて大変でもね、

「オレにはできないけど、脳にはできる！」

そう言い続けてください。

斎藤一人

〈CD付〉

『斎藤一人　愛される人生』

斎藤一人著

（KKロングセラーズ刊　一六〇〇円＋税）

人は愛することも大切だけど、愛される人生を送ることがとても大切。

愛するだけならストーカーでもできるけど、愛される人生を送るには、愛されるような行為が必要。

これからは、愛される人生がしあわせのキーワード。

斎藤一人

〈CD2枚付〉

『斎藤一人　絶好調』

斎藤一人著

（ＫＫロングセラーズ刊　一五〇〇円+税）

この本は、グランドプリンスホテル「飛天の間」で、パーティーを開いたとき、話したものです。当日は、「飛天」始まって以来の大盛況で、会場に入りきれない人が何百人と出たほどのにぎわいでした。

講演の内容は、お弟子さんたちの「斎藤一人さんの教え」と、私の「幸せのなり方」「病気の治し方」「霊の落とし方」「仕事の話」「人生はドラマだ」と、盛りだくさんです。

この話は、私がみなさんにどうしても伝えたい内容です。

ぜひ、何度も、読んで（聞いて）ください。

一生、あなたのお役に立つと確信しています。

斎藤一人

〈CD2枚付〉

『斎藤一人　幸せの道』

斎藤一人著

（ＫＫロングセラーズ刊　一五〇〇円＋税）

遠くに幸せを求めないでください。
遠くに幸せを求めると、
ほとんどの人が行き着きません。
苦しくなるだけです。
それより、
今の自分の幸せに気がついてください。

斎藤一人

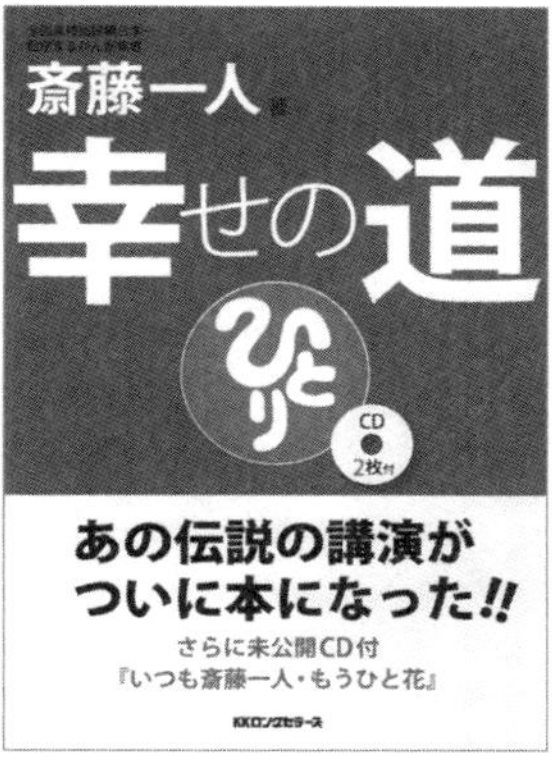

〈ＣＤ２枚付〉

『斎藤一人おすすめ　明日に向かって』

福田　博著　（ＫＫロングセラーズ刊　一四〇〇円＋税）

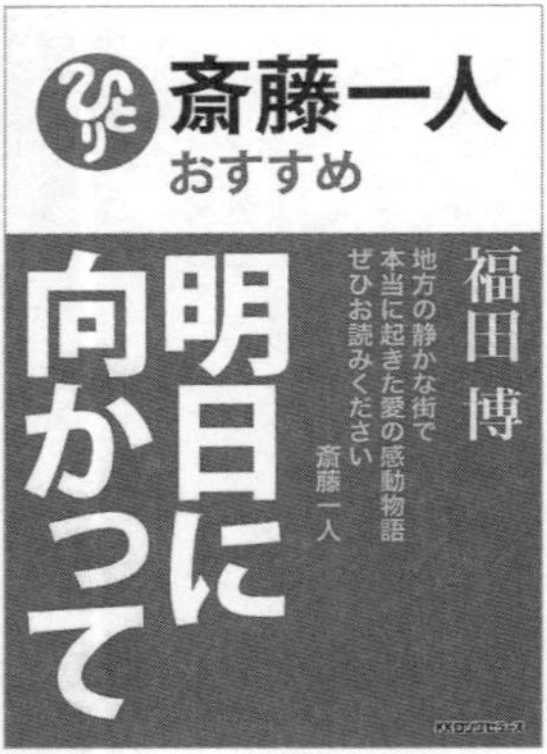

私が地方のある街を歩いていると、やっているかいないかわからないような喫茶店がありました。

その店を見たとき、私はどうしてもこの店に入らなければいけないという気持ちにさせられました。しかし、店の中に入ると、そこには誰もおらず、大きな声で「すいませーん、こんにちは」と、何度叫んでも、誰一人出てきません。

五分ぐらいすると、店のマスターらしき男性が現れ、だまってコーヒーをたててくれました。「お客さんは、旅の人ですね」と言ったあと、語り始めた衝撃の物語に、私は強く心をうたれました。

あなたも、ぜひ、この物語をご覧ください。

斎藤一人

『斎藤一人　大宇宙エネルギー療法 感動物語』

柴村恵美子著

（ＫＫロングセラーズ刊　一五〇〇円＋税）

恵美子さん、出版おめでとうございます。

本当にステキな本ができましたね。

恵美子さんが無償の愛のボランティアで、エネルギー療法を広めてくれていることは、普段からとても感謝しています。

こういう本を書くと、宗教と間違えられたり、霊感商法と誤解されることもあるのに、勇気を持って出版してくれた恵美子さんに、心から感謝します。

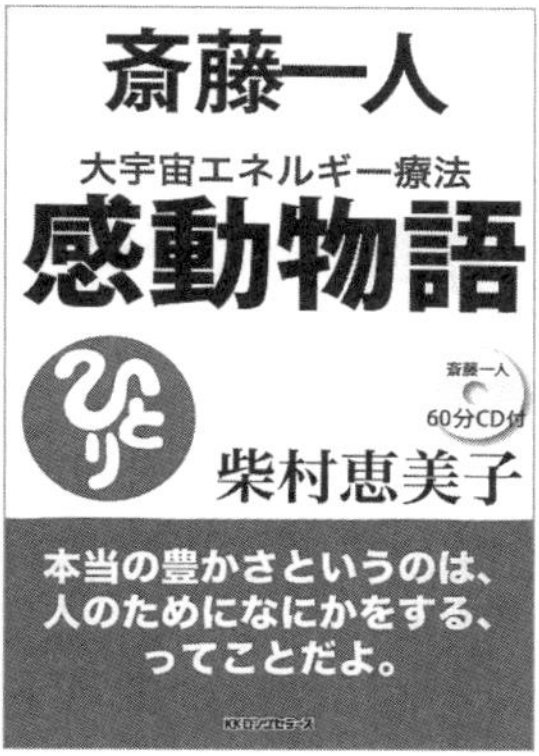

そして、多くの体験談を寄せてくれた皆様にも、心から感謝いたします。

また、今も忙しい中、ボランティアでエネルギー療法をしてくださっている全国の療法師の皆様に、心から感謝いたします。

こんなステキな人達に出逢わせてくれた神様に、心から感謝いたします。

斎藤一人

〈CD付〉

『斎藤一人　笑って歩こう 無敵の人生』

芦川政夫著

（KKロングセラーズ刊　一四〇〇円+税）

私の人生はまったくツイていませんでした。
そんな私が一人さんと出会って、変わったのです。
幸せになれたのです。
この本を読んでくださる方が、幸せになれないわけがありません。
あれだけツイていなかった私が言うんだから、間違いないのです。

芦川政夫

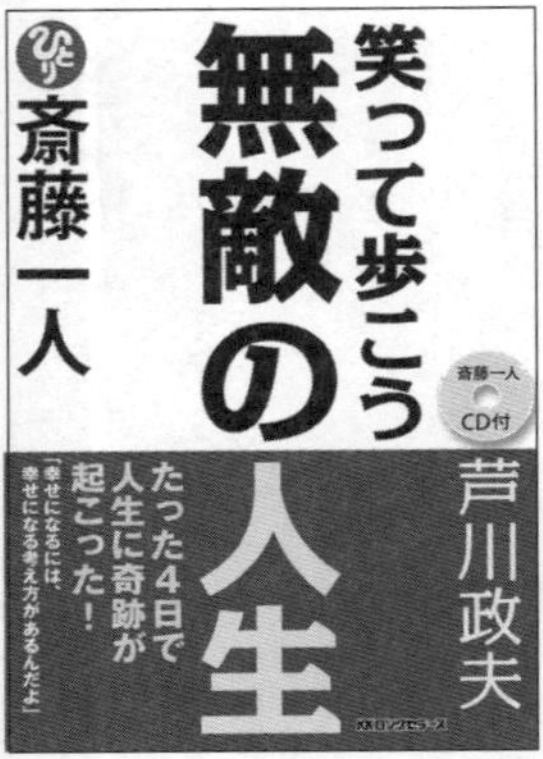

〈CD付〉

『斎藤一人　愛は勝つ』

大信田洋子著

（ＫＫロングセラーズ刊　一五〇〇円＋税）

こんなに、すごい人たちが、
まるかんを支え、
私を支えてくれているんだ、
と、思っただけで、胸が熱くなります。
この人たちを、私のもとへ連れてきてくれた
神さまに、心から感謝します。

斎藤一人

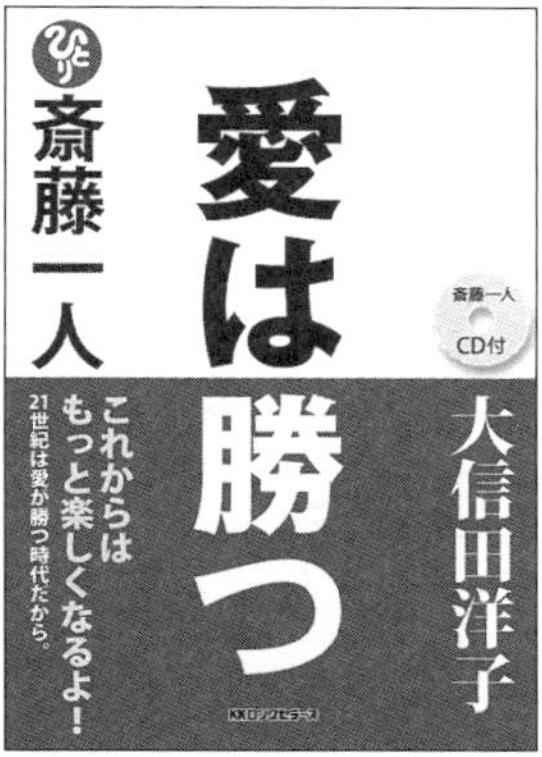

〈ＣＤ付〉

『斎藤一人　天使の翼』

芦川裕子著

（ＫＫロングセラーズ刊　一五〇〇円＋税）

この本は、心が凍りつくような体験から内に閉じこもってしまった少女が、天使の翼を得て最高の喜び・しあわせを得るまでのドキュメントです。

やわらかな春の日差しを連れた「ある人物」が、突如として、少女の目の前に現れ、凍った心をあたためてゆきました。

あの、ぬくもりが、あなたの心にも伝わりますように。

世の中全体が、やさしい春の陽光に包まれますように。

そう念じつつ、私と斎藤一人さんとの出会いから

その後の出来事、そして、

一人さんからいただいた素晴らしい魂再生の法を

お話させていただきます。

芦川裕子

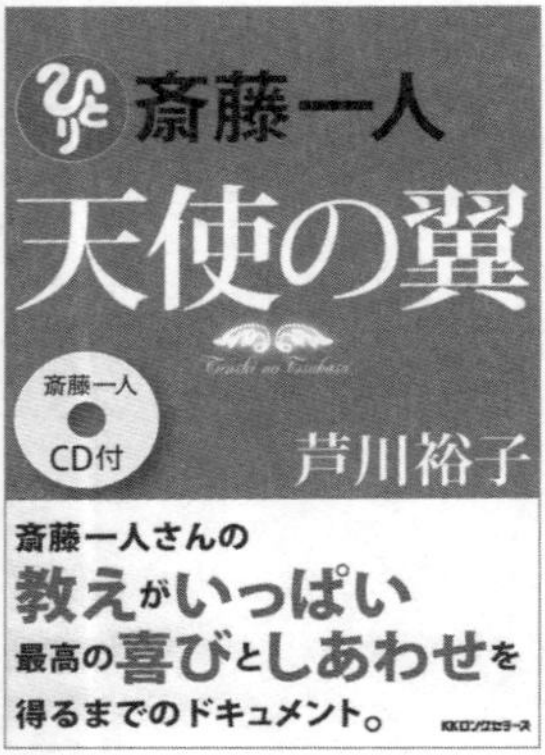

〈ＣＤ付〉

『斎藤一人　この不況で損する人　この不況で得する人』

斎藤一人 著

（ＫＫロングセラーズ刊　一五〇〇円＋税）

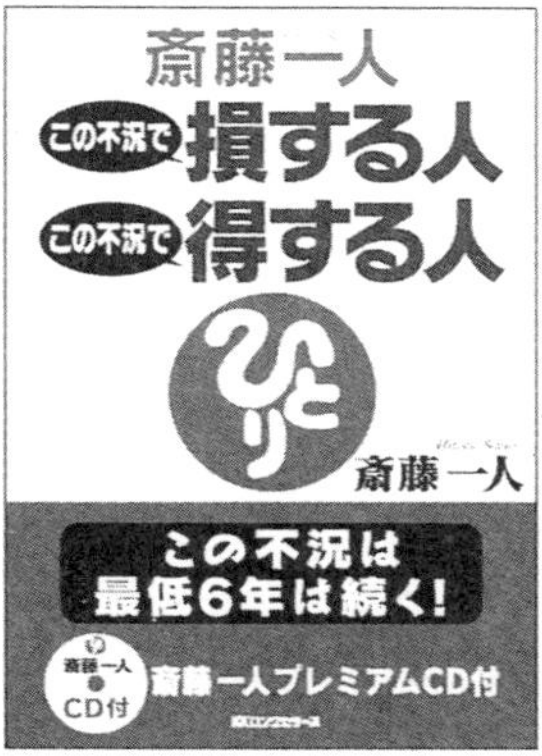

〈CD付〉

私は商人なんですけれど、ふだんは、あまり経済の話をしないんです。

お弟子さんたちに話すことの大半は、しあわせのこと、魂的なことなのですが、ふと、

「あ、これは教えておかないといけないな」

と思って、経済のことを話す機会がたまにあります。

二〇〇九年が明けたときも、私はそう思って、お弟子さんたちをはじめ、まるかんの人たちに、

「日本と世界の経済は、これから、こうなりますよ。だから、こういうことをするといいよ」

という話をしました。

その録音ＭＤを活字に書き起こしたのが本書です。

学生さん、主婦の方、定年退職した方にとっても、もちろん、仕事をしている方にとっても、役に立ついい話だと、私自身は思っています。

ただし、この本に書いてあることを信じるかどうかは、あなたの自由です。

どうぞ肩の力を抜いて、気楽にページをめくってみてください。

斎藤一人

『斎藤一人 大宇宙エネルギー療法』

（ＫＫロングセラーズ刊　一五〇〇円＋税）

柴村恵美子 著

一人さんが教えてくれた秘伝の癒しの療法

「この宇宙には癒しの波動があります。無償の愛からなるエネルギーがあるんです。
この宇宙エネルギーをもらうと、人は元気になる。心もからだも健康でいられるんだ。
人間には、元々そういう力が備わっている。やり方を知ると、誰でもできるんです」

◎遠隔で宇宙エネルギーを送ってもらったら
　耳の痛みが消えた！　寝込んだ人が起きあがった！
◎子どもの頃のトラウマをひきずって子育てをしていた私
　今、私たち親子は幸せです
◎脳卒中で片マヒの私を救ってくれた大宇宙エネルギー療法
◎借金苦、夫の「うつ」、息子の家出ｅｔｃ
　一家離散の危機から救ってくれた大宇宙エネルギー療法

〈ＣＤ付〉

『斎藤一人絵本集1 こうていペンギンはなぜ生きのこったか!?』
作/斎藤一人・絵/宮本真由美
(KKロングセラーズ刊 一〇〇〇円+税)

いつも明るく元気で肯定的な〝こうていペンギンくん〟。
いつもグチや悪口や文句ばかり言っている〝ひていペンギンくん〟。
さて、幸せなペンギン王国を作ったのはどちらでしょうか。

〈CD付・親子関係の悩みについて〉

『斎藤一人　成功する人くさる人』

「寺田本家」23代目当主　寺田啓佐　著

（ＫＫロングセラーズ刊一四〇〇円＋税）

世の中にこんなに不思議なことがあるとは……

斎藤一人

一人さんが教えてくれた

〝人生の成功法則〟

それは、あたかも蔵つきの微生物が独りでにはたらいて酒を醸すがごとく、目に見えない不思議な力、他力でもって自分の実力以上の成功が醸し出されていくものです。

『斎藤一人　天才の謎』

遠藤忠夫 著

（KKロングセラーズ刊　一三〇〇円＋税）

出版おめでとうございます。

私のお弟子さんの中でいちばん最後の出版になってしまいましたけれど、いつも「私がいちばん最後でいいですよ」と言って、みんなを先に行かせてあげた忠夫ちゃんの気持ちが天に通じたような、いい本ができあがりましたね。

一人さんも本当にうれしいです。

これからも長いつきあいになると思います。

よろしくお願いします。

斎藤一人

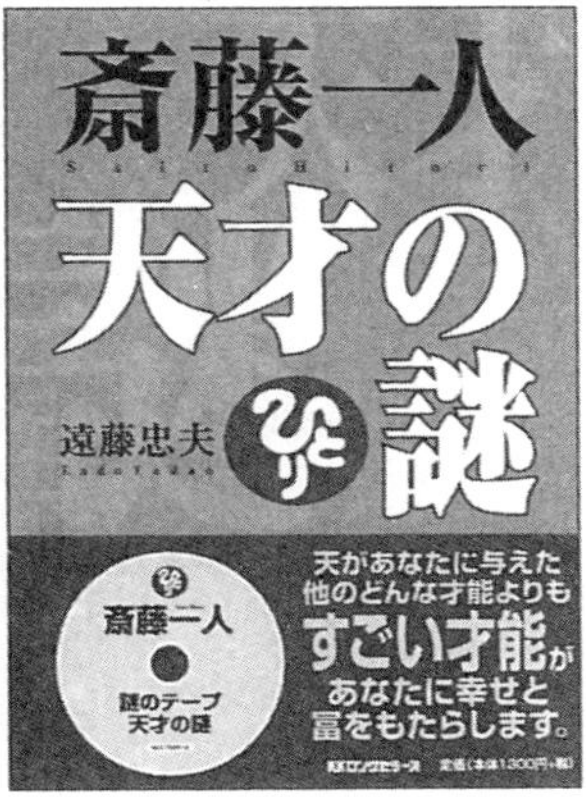

〈CD付〉

『斎藤一人　億万長者論』

宮本真由美 著

（KKロングセラーズ刊　一四〇〇円＋税）

真由美ちゃん、出版おめでとうございます。
真由美ちゃんらしい、明るく楽しい本になりましたね。
身近な話題が、読んだ人に次々と奇跡を起こしそうですね。
本当に、楽しい本をありがとうございます。

斎藤一人

〈CD2枚付〉

『斎藤一人　黄金《おうごん》の鎖《くさり》』

宇野信行 著

（KKロングセラーズ刊　一三〇〇円＋税）

いつもやさしく、ニコニコしているのぶちゃんが、こんな素敵な本を出してくれたことを、とてもうれしく思います。

この本を読んだ人たちは、のぶちゃんから勇気をもらって、「幸せだ、幸せだ」と言いながら毎日楽しく歩いてくれますね。

そして、幸せを手に入れて喜んでいる顔が目にうかびます。

のぶちゃん、ほんとうにいい本をありがとうございます。

斎藤一人

〈CD付〉

〈斎藤一人のセラピー・シリーズ〉

読むだけでどんどん良くなる、うまくいく
ツキを呼ぶセラピー
斎藤一人

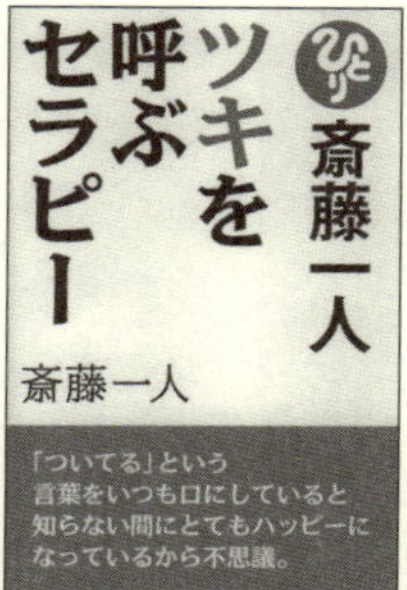

新書判/本体800円

クヨクヨしない、ジタバタしない
人生らくらくセラピー
舛岡はなゑ

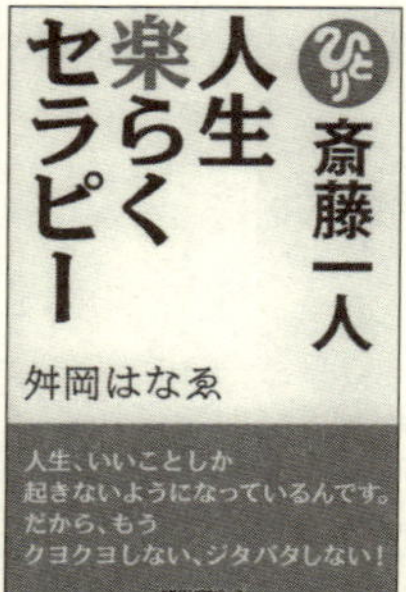

新書判/本体800円

落ち込んだ心から気持ちよく抜け出す秘伝の法
悩みから宝が生まれる
みっちゃん先生〈斎藤一人著 健康を呼び込む奇跡の言葉〉付き

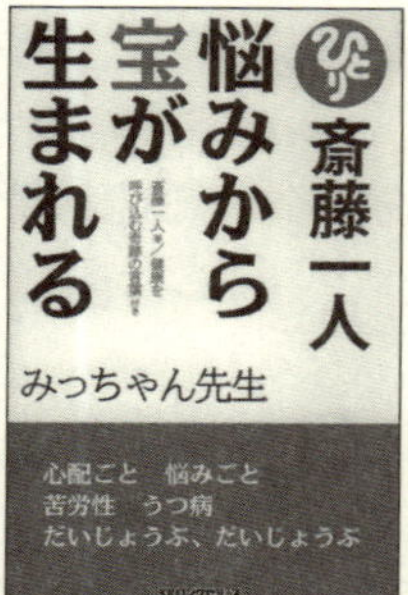

新書判/本体800円

〈斎藤一人のセラピー・シリーズ〉

読むだけでどんどん明るくなる
幸せセラピー
斎藤一人

新書判/本体905円

読むだけでどんどん豊かになる
お金儲けセラピー
斎藤一人

新書判/本体905円

読むだけで心がホワッとしてくる
愛のセラピー
斎藤一人

新書判/本体857円

斎藤一人さんのプロフィール

斎藤一人さんは、銀座まるかん創設者で納税額日本一の実業家として知られています。

1993年から、納税額12年間連続ベスト10という日本新記録を打ち立て、累計納税額も、発表を終えた2004年までで、前人未到の合計173億円をおさめ、これも日本一です。

土地売却や株式公開などによる高額納税者が多い中、納税額はすべて事業所得によるものという異色の存在として注目されています。土地・株式によるものを除けば、毎年、納税額日本一です。

１９９３年分──第４位	１９９９年分──第５位
１９９４年分──第５位	２０００年分──第５位
１９９５年分──第３位	２００１年分──第６位
１９９６年分──第３位	２００２年分──第２位
１９９７年分──第１位	２００３年分──第１位
１９９８年分──第３位	２００４年分──第４位

また斎藤一人さんは、著作家としても、心の楽しさと、経済的豊かさを両立させるための著書を、何冊も出版されています。主な著書に『絶好調』、『幸せの道』、『地球が天国になる話』（当社刊）、『変な人が書いた成功法則』（総合法令）、『眼力』、『微差力』（サンマーク出版）、『千年たってもいい話』（マキノ出版）などがあります。その他、多数すべてベストセラーになっています。

《ホームページ》http://www.saitouhitori.jp/

一人さんが毎日あなたのために、ついてる言葉を、日替わりで載せてくれています。ときには、一人さんからのメッセージも入りますので、ぜひ遊びにきてください。

〈編集部注〉

読者の皆さまから、「一人さんの手がけた商品を取り扱いたいが、どこに資料請求していいかわかりません」という問合せが多数寄せられていますので、以下の資料請求先をお知らせしておきます。

フリーダイヤル 0120-497-285

幸せの道

著　者　　斎藤一人
発行者　　真船美保子
発行所　　KKロングセラーズ
　　　　　東京都新宿区高田馬場2-1-2　〒169-0075
　　　　　電話 (03)3204-5161(代)　振替 00120-7-145737
　　　　　http://www.kklong.co.jp

印　刷　　太陽印刷工業(株)　製　本　(株)難波製本
落丁・乱丁はお取り替えいたします。
※定価と発行日はカバーに表示してあります。

ISBN978-4-8454-0919-8 C0270　Printed in Japan 2012